Viel Freude

beim Lesen

wünscht

Christian [illegible]

CHRISTIAN HEHENBERGER

Jubiläumsedition Zukunft

12 Mega-Trends, die unser Leben und unsere Wirtschaft bis 2015 verändern!

Autor: Christian Hehenberger; Jubiläumsedition Zukunft

Verlag: Institut für Marketing und Trendanalysen® GmbH
A-4293 Gutau 2008

ISBN 978-3-901852-08-4

Covergestaltung: Ramsl • Steinbacher • Attersee Werbeagentur GesmbH & Co
KG, A-4863 Seewalchen, www.ramsl.at

Fotos für Umschlag: Fotostudio Manfred Lang GmbH, A-4490 St. Florian

Printed in Austria
Druckerei: Trauner Druck GmbH & Co KG, Köglstraße 14, A-4020 Linz

Widmung

Dieses Buch widme ich meiner Assistentin Elisabeth. Sie ist die Persönlichkeit, die all meine bisherigen neun Bücher in Schriftform gebracht hat.

Mein herzlicher Dank gilt natürlich auch den unermüdlichen Mitarbeitern Birgitt, Margit und Johann.

Besonders erfreut hat mich die exzellente Leistung der Agentur Ramsl • Steinbacher • Attersee Werbeagentur GesmbH & Co, die das Cover meines Buches mit Herz, Hirn und künstlerischem Charme gestaltet hat.

Den Persönlichkeiten, die mit ihren exklusiven Managementzitaten diese Wirtschaftspublikation bereichert haben, danke ich herzlich.

All jenen Firmen, die durch ihre Inseratschaltungen dieses Werk unterstützt haben, sei an dieser Stelle gesondert gedankt.

Inhaltsverzeichnis

Vorwort

Mit diesem, meinem 9. Wirtschaftsbuch möchte ich Ihnen einen Zukunftsüberblick über das wahrscheinlich interessanteste Jahrzehnt seit 1945, das vor uns steht, vermitteln. Die 12 Mega-Trends in dieser Jubiläumsedition, die unser Leben und unsere Wirtschaft bis 2015 verändern, haben Substanz.

Wer hätte gedacht, dass die seit Jahrzehnten unangefochtene und größte Wirtschaftsmacht der Welt, die USA, innerhalb der kommenden 10 Jahre von Platz eins auf Platz drei zurückfallen wird?

Wie viele Menschen hätten in den 90er-Jahren geglaubt, dass im Jahr 2007 die Europäische Union zur größten Wirtschaftsmacht der Welt aufsteigt und der Euro den US-Dollar in den Schatten stellt?

Viele, nicht nur sogenannte, sondern auch renommierte Experten und Medien haben zu Beginn des 21. Jahrhunderts den Klimawandel mit seinen dramatischen Folgen als Träumerei und Scharlatanerie kommentiert bzw. abgewertet. Heute stehen dieselben auf der Bühne oder füllen ihre Schlagzeilen mit dem Hinweis, dass die Folgen des dramatischen Klimawandels eine der größten Herausforderungen unserer Menschheit sind.

In meinem Buch „Märkte mit Zukunft“ aus dem Jahr 1997 ist nachlesbar, dass ein Liter Superbenzin im Jahr 2005 in Deutschland rund 1,5 Euro kosten wird. Diese Prognose habe ich zu einem Zeitpunkt getroffen, wo ein Barrel Erdöl zwischen 10 und 20 Dollar gekostet hat. Heute teilen auch die kritischsten Experten und Wissenschafter meine Meinung, dass ein Barrel Erdöl im Jahr 2010 rund 100 Dollar kosten wird.

Fakt ist, das knappe Gut jedes Menschen ist die Zeit. Sie ist nicht lagerfähig und daher unwiederbringlich weg. Daher finden Sie in der

Vorwort

„Jubiläumsedition Zukunft" 12 Mega-Trends, die unser Leben und unsere Wirtschaft bis 2015 verändern, sehr kompakt und leicht leserlich präsentiert.

Unabhängig davon, ob Sie CEO, Vorstandsdirektor, Unternehmer bzw. Manager, Hausfrau, Handwerker, Landwirt, Professor, Student oder Lehrbeauftragter sind, dieses Buch vermittelt Ihnen eine Reise in die Zukunft mit 12 Mega-Trends, die bis 2015 mit einer zumindest 80%igen Trefferquote eintreffen werden.

Es werden in dieser Publikation auch konkrete Lösungen und Empfehlungen, die nicht nur für die Politik und Wirtschaft von Bedeutung sind, sondern auch für unser alltägliches Leben, aufgezeigt.

In diesem Sinne wünsche ich Ihnen viel Freude und interessante Momente beim Lesen der „Jubiläumsedition Zukunft – 12 Mega-Trends, die unser Leben und unsere Wirtschaft bis 2015 verändern".

Die Weltwirtschaftslandkarte wird bis 2015 neu geschrieben!

★ Die EU ist seit 2007 die größte Wirtschaftsmacht der Welt!

★ China ist 2015 die größte Weltwirtschaftsmacht!

★ Die harte Landung der US-Wirtschaft um 2012

★ Russland meldet sich als Wirtschaftsmacht wieder zurück!

Die EU ist seit 2007 die größte Wirtschaftsmacht der Welt!

Vorausgesetzt man betrachtet die 27 EU-Staaten als einen gemeinsamen Wirtschaftsraum und man summiert das Bruttoinlandsprodukt dieser Region, so hat die EU 2007 erstmals die USA von Platz 1 auf Platz 2 der weltgrößten Wirtschaftsmächte verdrängt. 2007 erwirtschafteten die USA ein BIP von 10.900 Mrd. Euro, die EU hingegen von 11.300 Mrd. Euro. Zählten 2007 die USA rund 310 Mio. Bewohner, beheimatete die EU im gleichen Jahr rund 490 Mio. Einwohner. Natürlich führten im Pro-Kopf-Einkommen die USA gegenüber der EU, zumal die osteuropäischen bzw. die Balkanstaaten sowie Portugal und Spanien das Pro-Kopf-Einkommen der EU nach unten drückten. Aber im Vergleich der absoluten BIP-Beträge ist die EU die Nummer eins.

Fakt ist, dass die EU in vielerlei Hinsicht die USA überholt hat bzw. am besten Wege dorthin ist.

So gewinnen die europäischen Schlüsselindustrien weiter an Bedeutung am Weltmarkt und auch an Marktanteilen. Dazu einige Beispiele zur Illustration:

Im Bereich der erneuerbaren Energien, von Fotovoltaik über thermische Solarenergie, von Windenergie bis hin zur Wasserstofftechnologie, von der Brennstoffzellentechnologie bis zum Sterlingmotor, ist die EU führend. Bereits heute ist die Europäische Union, insbesondere durch die exzellente Technik und die Marketingleistung der Deutschen, in vielen Sparten der „rewnewable Energy" Weltmarktführer.

Aber auch bei Low-interest-Produkten wie bei Getränken bieten die Europäer den Amerikanern Paroli. So ist der aus dem lieblich kleinen Österreich kommende Energydrink Red Bull in diesem Segment mit einem Marktanteil von rund 90 % unangefochtener Weltmarktführer. Der Red-Bull-Produzent ist insbesondere auch in den USA dermaßen erfolgreich, dass Konzerne wie Coca-Cola und Pepsi mit Sorge auf seine Expansion und Erfolge blicken.

Schlüsselindustrien der Europäer im automotiven Bereich sind im Produktportfolio wesentlich wettbewerbsfähiger und zukunftstauglicher aufgestellt als die überalterten Modellprogramme der Pkw-Industrie in den USA.

Das europäische Konsortium verdrängte Boing in den letzten Jahren erfolgreich auf Platz zwei. Auch wenn die Amerikaner mit dem Dreamliner einen besonderen Etappenerfolg landeten, Airbus kommt 2008 mit der weltgrößten Passagiermaschine A380 sowie der leistungsfähigsten Frachtmaschine und setzt damit gänzlich neue Maßstäbe.

Im Bereich der Mechatronik, einem der sieben größten ökonomischen Wachstumspfade, ist Europa Weltspitze. Hinzu kommt, dass die EU eine stabilitätsorientierte Kapital- und Finanzpolitik pflegt und der Euro sich trotz aller Unkenrufe zur zweitgrößten Weltwährung entwickelte und eine sehr ernst zu nehmende Alternative zum US-Dollar wurde.

Die Risken eines hard landing in der wirtschaftlichen Entwicklung sind in der EU, sofern kein Super-GAU in der Weltwirtschaft passiert, gleich null. Die EU wird bis 2012 ein reales Wirtschaftswachstum pro Jahr von 3 % oder mehr im Durchschnitt verzeichnen.

Durch diese seit 1995 einzigartige Erfolgsstory der europäischen Wirtschaft steigt das Selbstbewusstsein der Europäischen Union weiter an. Immer öfter wird daher die EU aus dem Windschatten der Amerikaner heraustreten und eine eigenständige Politik gestalten. Bei substanziellen Strategieprojekten werden die Europäer und die Amerikaner konstruktiv kooperieren. In der internationalen Wirtschaftspolitik werden die EU und die USA ein neues Bollwerk zu den werte-inkompatiblen Chinesen errichten. Bei technischen Megaprojekten wird die Kooperation ebenso funktionieren, wie das Beispiel GPS und Galileo zeigt. Hier werden die beiden Navigationssysteme der Amerikaner und Europäer auf eine Frequenz weltweit zusammengeführt, wenngleich festzustellen ist, dass das von den Europäern neu entwickelte Galileo-System wesentlich leistungsfähiger sein wird, als das von den Amerikanern erfundene GPS-System.

Wichtig ist das Wort, das bewirkt, was es besagt!

Thomas Lobensteiner, Leiter des Trainingszentrums der deutschen Bundespolizei in Berchtesgaden

Ab 2012 prägen jedoch zwei Risken die EU-Wirtschaft. Würde die Türkei, ein Land mit mehr als 70 Mio. Bürgern, als Vollmitglied in das gemeinsame Haus Europa aufgenommen werden, wäre ein soft landing der EU-Wirtschaft unausweichlich. Die EU würde an ihre Finanzierbarkeitsgrenzen stoßen, würde kaum Manpower, Kapital und Energie haben, um der Chinaoffensive, die ab 2012 zuerst in den USA stattfinden wird und mit einer Zeitverzögerung von etwa zwei Jahren die EU betreffen wird, Paroli bieten zu können. Hinzu kommt, dass die Kluft zwischen der EU und der Türkei unüberwindbar ist, wobei hier die interkulturellen sowie religiösen Unterschiede die Ursachen sind. Diese sind schlichtweg zu groß. Es gibt keinen renommierten Historiker, der bestätigen kann, dass es jemals gemeinsame geschichtliche Wurzeln zwischen Europa und der Türkei gegeben hat. Zusammenwachsen soll das, was zusammengehört. Wachstum nur zum Selbstzweck – zeigt die Praxis – ist verantwortungslos. Wie schwer es ist – jetzt im Kleinen gedacht, – zwei große inkompatible Unternehmen zusammenzuführen, musste auch der Weltkonzern

Daimler erkennen, der sich aufgrund von sehr teuren und schmerzhaften Erfahrungen zu der Trennung von Chrysler durchringen musste.

Der zweite Risikofaktor für die EU-Wirtschaft nach 2012 ist ein stark steigender Euro aufgrund der harten Landung der US-Wirtschaft. Damit werden europäische Exporte teurer und schwieriger, wobei sich der private Konsum in der EU – zu dieser Zeit werden rund 500 Mio. Menschen innerhalb der Europäischen Union leben – als Wachstumsmotor zur Gegensteuerung der temporär rückläufigen Exporte anbietet. Kapitalreserven dazu hat die EU zu diesem Zeitpunkt ausreichend, sofern sie von der unverantwortlichen Expansionsstrategie der Türkei Abstand hält. In Summe betrachtet wird im Falle einer harten Landung der US-Wirtschaft Europa eine Wachstumsdelle erfahren, mittel- und langfristig wird die EU aber eindeutig zu den Gewinnern zählen.

Der Druck von außen wird durch das hard landing der US-Wirtschaft und der Wirtschaftsoffensive der Chinesen so groß werden, dass die Europäische Union sich zu einem gemeinsamen Gebilde von rund 30 Staaten vereinigen wird, um sich so auch im globalen Wettbewerb behaupten und durchsetzen zu können. Ein Beispiel für diese Notwendigkeit ist, dass der Exportweltmeister Deutschland 2007/2008 von China auf Platz 2 verdrängt wird. Eine singuläre Betrachtungsweise der einzelnen EU-Staaten ist nicht mehr zeit- und zweckmäßig. Eine ganzheitliche Betrachtung der Leistungs- und Wirtschaftskraft der Europäischen Union wird Europa in ein gänzlich neues, positives Licht rücken und das Selbstbewusstsein der EU-Bürger erhöhen. Ab diesem Zeitpunkt wird ein neuer, höchst positiver Identitäts- und Identifikationsgrad der Europäer entstehen. Die EU-Bürger werden auf den gemeinsamen Wirtschaftsraum sehr stolz sein und die Rolle des Global Players in einer sehr intelligenten „Good-old-Europe-Kultur" wahrnehmen.

China ist 2015 die größte Weltwirtschaftsmacht!

China wird um 2015 die größte Wirtschaftsmacht der Welt sein und verdrängt damit die EU auf Platz 2 und die USA auf Platz 3. Mit einem jährlichen realen Wirtschaftswachstum von 20 bis 25 % stellt der 1,3 Milliarden-Einwohner-Staat alles bisherige, was unser Globus jemals erlebt hat, in den Schatten.

Indien als weltgrößte Demokratie wird mit seinen 1,4 Mrd. Menschen bis 2015 ein jährliches reales Wirtschaftswachstum von rund 10 % realisieren. Die beiden Länder unterscheiden sich nicht nur in ihren politischen Systemen – Diktatur auf der einen Seite, Demokratie auf der anderen Seite – sondern auch im Wirtschaftswachstum, in den Religionen, insbesondere aber auch in der Demografie. So werden 2015 den Chinesen aufgrund der Überalterung und der Ein-Kind-Politik seit den 70er-Jahren rund 7 Mio. Arbeitskräfte fehlen. Indien wird hingegen einen erwarteten Arbeitskräfteüberschuss im gleichen Jahr von 35 Mio. Menschen verzeichnen. Ein Blick zurück und nach vorne bis 2015 zeigt, wie die Weltwirtschaftskarte substanziell neu geschrieben wird.

2005 erwirtschafteten die USA noch 22 % des Weltbruttosozialproduktes und repräsentierten damit die größte Weltwirtschaftsmacht, bereits gefolgt von China mit 14 %. Platz drei belegte Japan mit 7,5 %, an vierter Stelle lag Indien mit 6,5 % und Deutschland nahm Platz fünf mit 4,8 % des Weltbruttosozialproduktes ein. Die USA wurden bzw. werden von 2006 bis 2015, also innerhalb von 10 Jahren, von der größten Wirtschaftsmacht der Welt auf Platz 3 im globalen Wirtschaftsranking zurückgedrängt.

China verfügte bereits 2005 über die weltweit zweitgrößten Währungsreserven, nämlich 819 Mrd. Dollar, und stieg zur drittgrößten Handelsnation auf.

Die Weltwirtschaftslandkarte wird neu geschrieben!

Volkswirtschaftliche Daten zeigen das schier unaufhaltsame Wachstum von China, das solide Wachstum der EU und das Absacken der US-Wirtschaft. China wird ab 2012 deutlicher als bisher seinen internationalen wirtschaftlichen Führungsanspruch betonen, spätestens ab 2015 wird eine massive chinesische Wirtschaftsoffensive auf die USA und Europa zurollen.

In diesem Zusammenhang wird die Euphorie über die Entwicklung Chinas sowohl in den USA wie auch in Europa einer klaren Ernüchterung weichen.

Fakt ist, dass China und der Westen in ihren Werte- und Kultursystemen inkompatibel sind. In China sind List und Tücke erstrebenswerte Tugenden, die auch an den Universitäten gelehrt werden. Das Ziel ist plakativ einfach. Je mehr ein chinesischer Manager bzw. Unternehmer jemanden aus dem Westen mit Tricks über den Tisch ziehen kann, umso angesehener ist er in seinem Heimatland. Das Kopieren bzw. im Extremfall die Produktion von Plagiaten ist ebenso eine taugliche und erstrebenswerte Tugend. Die gewonnenen Musterprozesse einiger weniger westlicher Markenartikler können dabei nicht zu einer Umerziehung dieser kulturellen chinesischen Eigenart beitragen.

Der Wiederaufstieg Chinas wird neue und schmerzliche Erkenntnisse über Zusammenhänge und Wechselwirkungen im Westen und in Asien erzeugen. Eine beachtliche Anzahl der hier dargestellten und noch folgenden Trends müssen auch darauf Bezug nehmen. Die US-Wirtschaft wird diese Entwicklung am deutlichsten zu spüren bekommen.

Die harte Landung der US-Wirtschaft um 2012

Auch wenn die Ära von Präsident Bush zu Ende geht bzw. gegangen ist, der oder die Nachfolger/in hat einen extrem harten Job vor sich. Folgende Fakten sollen dies nur auszugsweise verdeutlichen.

Die Verschuldung der USA hat bisher unbekannte und auch unvorstellbare Dimensionen erreicht. Im Jahr 2005 wurde erstmals ein US-Leistungsbilanzdefizit von 800 Mrd. Dollar erwirtschaftet. Die Folge daraus war, dass die USA Auslandskredite aufnehmen mussten, um dieses Defizit ausgleichen zu können. Die größten Kreditgeber sind China, Japan und die erdölexportierenden Länder. Es ist erstaunlich, dass die USA beispielsweise im Bereich der Energieversorgung auf Unabhängigkeit größten Wert legen, sich jedoch bei der Kapitalbeschaffung in eine enorm große Abhängigkeit, insbesondere von Asien, begeben haben bzw. weiter begeben!

Fakt ist auch, dass die Sparquote in den USA gegenüber dem Kapitalbedarf signifikante Fehlbeträge aufweist, die im Gegensatz dazu durch die hohe Sparquote der Chinesen, die einen enormen Überschuss aufweist, international kompensiert wird. Im Sinne der kommunizierenden Gefäße gleichen die Überschüsse aus China die Fehlbeträge der USA wiederum aus.

Analysiert man die hauptsächliche Verwendung der 800 Mrd. Dollar, die allein 2005 mehrheitlich durch US-Staatsanleihen im Ausland aufgebracht wurden, erkennt man, dass der Großteil wiederum nur in den privaten Konsum geflossen ist. Oder anders gesagt: Investitionen werden bzw. wurden damit in den USA kaum finanziert. Gerade Investitionen sind aber ein wichtiger und nachhaltiger Wachstumspfad für eine Volkswirtschaft. Die US-Wirtschaft ist durch ihre extreme Verschuldung außerordentlich verwundbar und vom chinesischen und asiatischen Kapital immens abhängig geworden.

Die Lage der US-Wirtschaft verschärft sich insofern noch zusätzlich, als Schlüsselindustrien massiv einbrechen bzw. eingebrochen sind. So ist die US-Autoindustrie aufgrund ihrer überalterten Modellpolitik derzeit nahezu stehend k.o. Gleichzeitig bauen die Chinesen eine eigene Autoindustrie auf, wo 2012 etwa eine Million Pkws in den Export gehen werden. In der Flugzeugindustrie hat das europäische Konsortium Airbus Boing von Platz eins auf Platz zwei verdrängt. Die Malaise, die der Airbus 380 derzeit erlebt, wird 2010 bereits wieder vergessen sein.

So bleiben den Amerikanern als Schlüsselindustrien nur noch die Militärbranche sowie die Raumfahrt, wo sie Weltmarktführer sind, und Microsoft. Mit Low-interest-Produkten wie Coca-Cola bzw. Fast Food kann eine 310 Mio. große Volkswirtschaft jedoch auf Dauer ihre Stellung als größte Weltwirtschaftsmacht nicht halten.

Im Militärbereich wie auch in der Raumfahrt drängen die Chinesen zukünftig massiv in die Domäne der Amerikaner ein. Ab 2012 wird sich China sehr selbstbewusst als neuer globaler Player positionieren und auch Einfluss nehmen wollen. Der Heimmarkt von 1,3 Mrd. Menschen wird weiter boomen. Um die steigende Nachfrage der eigenen Bürger befriedigen zu können, ist eine Exportoffensive zwischen 2012 und 2015 nicht mehr notwendig. Der private Konsum wird auch in China zum größten Wirtschaftsmotor werden.

Aufgrund dieser Entwicklung ist die Wahrscheinlichkeit daher sehr groß, dass die Chinesen die Kredite, die sie an die USA vergeben haben, entweder fällig stellen oder zurückfordern werden bzw. neue nicht mehr gewähren werden. Diese Maßnahme wäre für die US-Wirtschaft fatal. Ein Einbruch des Dollarkurses und eine Rezession der US-Wirtschaft wären die unausweichliche Folge.

Fakt ist, dass die US-Wirtschaft, allen voran die US-Endverbraucher, mehrheitlich auf Pump leben. Diese Blase wird zwischen 2012 und

2015 zerplatzen. Das hard landing der US-Wirtschaft ist vorprogrammiert. Die Frage dazu heißt nicht, ob, sondern wann die US-Wirtschaft auf Crashkurs geht. Auf Dauer können auch die USA nicht mehr konsumieren und investieren, als sie im eigenen Land ansparen.

Sehr wohltuend in diesem Krisenszenario wird sich die Europäische Union abheben, die seit jeher stark auf Stabilität setzte und dies auch verstärkt weiter tun wird. Für den Fall, dass die harte Landung der US-Wirtschaft kommt, wird der Euro im Vergleich zum Dollar weiter signifikant an Wert gewinnen. Ein Wechselkursverhältnis mit dem Faktor 1,60 bis 1,70 ist sehr realistisch.

Talente finden Lösungen, Genies entdecken Probleme!
Dr. Friedrich Unterluggauer, Personal + Schulung, Intersport Austria, Wels

Russland meldet sich als Wirtschaftsmacht wieder zurück!

Nach einem überhitzten Demokratisierungsversuch der Sowjetunion unter Präsident Gorbatschow und einem signifikanten Turn-around mit straffen Führungsinhalten unter Präsident Jelzin ist es nunmehr unter Präsident Putin gelungen, Russland und große Teile der GUS-Staaten als kalkulierbare und kompetente Wirtschafts-Supermacht in die internationale Staatengemeinschaft wieder einzubetten.

Unter der Führung Putins ist es Russland gelungen, sich auf seine wirtschaftlichen Kernkompetenzen zu konzentrieren, die zu Beginn des dritten Jahrtausends wie folgt heißen: Rohstoff- und Energiereichtum.

Die Weltwirtschaftslandkarte wird neu geschrieben!

Von den Welterdölvorräten, die derzeit auf 1.190 Mrd. Barrel geschätzt werden, besitzt Russland 72,3 Mrd. und liegt damit nach Saudi-Arabien mit 262,7 Mrd. Barrel, dem Iran mit 132,5 Mrd. Barrel, dem Irak mit 115 Mrd. Barrel, Kuwait mit 99,6 Mrd. Barrel, den Vereinigten Arabischen Emiraten mit 80,3 Mrd. Barrel sowie Venezuela mit 77,2 Mrd. Barrel auf Platz sieben. Der Rohstoffreichtum Russlands wird noch ersichtlicher, wenn man sich die Erdgasvorräte im Detail ansieht. Von den Ländern mit den bekannten weltweit verfügbaren Erdgasvorräten in der Höhe von 179,5 Mrd. m^3 ist Russland weltweit die absolute Nummer eins. Rund 48 Mrd. m^3 Erdgas liegen in Russland, die Nummer zwei ist der Iran mit rund 24,8 Mrd. m^3, gefolgt von Katar mit 17,9 Mrd. m^3.

Ein ähnlicher Reichtum gilt in Russland auch für viele fossile Rohstoffe. Hinzu kommen die fruchtbarsten Böden, nämlich die europäisch-russische Kornkammer, die nur darauf wartet, professionell bewirtschaftet zu werden.

Das Hauptinstrument der russischen Staatspolitik ist, sich über den Erdöl- und Erdgasreichtum nach einer Periode der Demütigung als globaler Player wieder aktiv zurückzumelden. Russische Großmachtinteressen werden durch die beiden verstaatlichten Konzerne Gazprom für Erdgas sowie Lukoil für Erdöl exklusiv wahrgenommen. Bis 2020 wird Russland aus diesen beiden Titeln nahezu unerschöpfliche Deviseneinnahmen erschließen, zumal ein kontinuierlicher Preisanstieg der beiden Energieträger aufgrund der Verknappung bei Gas und Öl vorprogrammiert ist. Der interessante Neubau der Gazprom-Zentrale in St. Petersburg, bei dem das teuerste nur gut genug war, ist ein weiteres Zeichen des nachhaltigen Wirtschaftsaufschwungs.

Wenn Putin sich politisch zurückzieht, ist die Wahrscheinlichkeit sehr groß, dass er die Führung eines bzw. beider Energiekonzerne übernehmen wird.

Die Europäer sind sich der Bedeutung der Russen im Rahmen der Energieversorgungssicherheit sehr bewusst geworden. Einer der ersten Antrittsbesuche im Rahmen der deutschen EU-Präsidentschaftsübernahme im ersten Halbjahr 2007 wurde von Kanzlerin Angela Merkel in Russland bei Putin gemacht. Ziel war es, die Energieversorgungssicherheit bei Erdgas und Erdöl aus Russland für die EU sicherzustellen, um ein Desaster, wie es aus der Ukraine bekannt wurde, präventiv zu vermeiden.

Fakt ist, dass Russland zu den drei Aufsteigerstaaten bis 2020 zählen wird. Die Kaufkraft der Russen steigt in einem atemberaubenden Tempo. Von 2002 bis 2006 haben sich die Durchschnittslöhne der russischen Arbeitnehmer mehr als verdoppelt. Die neue Millionärsmesse in Moskau spiegelt die Prosperität Russlands wider. Täglich kommen in Moskau zehn neue Euromillionäre hinzu. Wobei sich trotz alledem der Trend zur Polarität weiter abzeichnet, der da heißt: Die Reichen werden reicher und die Armen werden anzahlmäßig mehr bzw. ärmer. Allein in Moskau leben derzeit 75.000 Straßenkinder, vornehmlich Waisen oder Kinder, deren Eltern sich verabschiedet haben, in Bettelarmut.

Die 50 reichsten Russen verfügen über ein persönliches Vermögen, das so groß ist wie das österreichische Bruttoinlandsprodukt, nämlich rund 235 Mrd. Euro schwer. Nachfolgend findet der geneigte Leser eine Liste der zwölf reichsten Russen mit ihrem Euromilliardenvermögen, Stand 2006.

Die 12 reichsten Russen

	Vermögen in Mrd. €	Branche
1. Roman Abramowitsch	13,5	Stahl
2. Wagit Alekperow	8,1	Öl
3. Wladimir Lissin	7,9	Metalle
4. Wiktor Wexelberg	7,4	Öl/Aluminium
5. Michail Fridman	7,2	Öl/Banken
6. Oleg Deripaska	5,8	Aluminium/Auto
7. Alexej Mordaschow	5,6	Stahl
8. Suleiman Kerimow	5,3	Energie/Fluglinie
9. Wladimir Potanin	4,7	Metalle
9. Michail Prochorow	4,7	Nickel
11. Wladimir Jewtuschenkow	4,6	Telekom
12. German Chan	4,5	Öl/Banken

Quelle: Forbes/Manager Magazin/IMT 2006

Dank des Rohstoffreichtums, da fleißig exportiert wird, erwirtschaftete Russland 2005 rund 12 % Leistungsbilanzüberschuss vom Bruttoinlandsprodukt. Fakt ist, dass Russland sich zu Europa bekennt. Das überschüssige Geldvermögen wird vorwiegend in Euro und nicht in US-Dollar angelegt. Der Staatskonzern Gazprom ist mittlerweile an der Börse so viel wert wie Microsoft, nämlich rund 200 Mrd. Euro. Russland meldet sich somit als Weltwirtschaftsmacht durch eine Symbiose von Euromilliarden, die in der Regel cash fließen, und die Erlöse aus dem Rohstoffreichtum sind bzw. aus der organisierten Kriminalität stammen, zurück. Auffallend ist, dass eine neue politische Stabilität und eine klare schwerpunktorientierte Strategie die Arbeit der geistigen Elite bestimmen. Dieser Strategiecocktail bedingt eine neue und für manche Marktteilnehmer er-

RAUSCH
RAUSCH
RAUSCH
RAUSCH

schreckend positive Zukunftsperspektive der russischen Wirtschaft. Präsident Putin brachte es bei einem Deutschlandbesuch mit seinem Zitat: „Wir kommen nicht mit Kalaschnikows und Panzern, sondern mit Geld!" auf den Punkt.

Die volkswirtschaftlich-politischen Mainstreams Russlands wurden schon längst definiert. Nach der Weltmachtstärke-Demonstration im Rohstoffbereich stehen nun vier weitere große Weichenstellungen an. Die Luftfahrtindustrie, die derzeit weltweit aus Airbus und Boing besteht, wird bis 2015 einen neuen substanziellen Mitbewerber bekommen: nämlich neue russische Produzenten, die auf bekannten Marken wie MIG, Iljuschin oder Tupolew aufsetzen werden mit innovativer Technologie, die durch den Zukauf bester Technik und Marketingexperten aus dem Westen, neues Leben eingehaucht bekommen.

Ähnliches gilt für die russische Autoindustrie. Bekannte Marken wie Moskwitsch oder Lada werden eine Renaissance erleben. Es ist davon auszugehen, dass die russischen Strategen primär europäische und sekundär amerikanische Automarken, Fabriken und Management auf- bzw. zukaufen werden. Mehrheitlich werden solche Companies gekauft, die massive Ertragsschwierigkeiten haben, wie z. B. der Fiat-Konzern in Europa, der ein jährliches Minus von mehr als 2 % des Jahresumsatzes erzielt, oder General Motors, der weltweit größte Pkw-Produzent, der jährlich mehr als 7 % Verlust vom Umsatz schreibt.

Nachdem Russland hauptsächlich strategisch vorgeht – die vorhandene Denke und deren Instrumente dazu stammen hauptsächlich aus der militärischen Führung – werden in den fokussierten Schlüsselindustrien Beteiligungen an namhaften und weltweit tätigen Zulieferbetrieben gesucht, um sich so indirekt Einfluss und Wissenszugang zu sichern. Beispiele dazu sind die Joint Ventures mit Magna Steyr sowie die Beteiligung an der Strabag in der Bauwirtschaft.

Eine weitere Schlüsselindustrie wird die Raumfahrtindustrie sein, wo Russland gemeinsam mit den Europäern gegen die Amerikaner und Chinesen eine neue Wissens- und Wirtschaftsfront aufbauen wird. Zusätzlich wird auf innovative Wachstumsbranchen gesetzt. Das fehlende Wissen dazu wird aufgrund der hohen Finanzkraft der Russen einfach aus dem Westen zugekauft.

Rückblickend lehrt uns die Geschichte, dass die Russen mehrheitlich ein friedliches Volk waren, das primär auf Selbstverteidigung setzte, aber kaum aus eigenen Überlegungen aggressiv wurde. Der Werteraster der Russen ist der europäischen Kultur artverwandt und leichter zugänglich. Diese Erkenntnis lässt sich anhand eines russischen Sprichwortes wohl am besten charakterisieren: „In ein fremdes Kloster darf man nicht mit den eigenen Regeln eindringen."

Ökonomisch betrachtet reift vor der Haustür der Europäischen Union mit Russland ein immer stabiler und reicher werdender globaler Player heran, der die europäische Wirtschaft nachhaltig positiv stimulieren kann und wird. Hinzu kommt, dass insbesondere die Achse Russland unter Putin und Deutschland unter Schröder und jetzt Merkel hervorragend funktioniert.

Eine besondere Herausforderung für die EU ist der Umgang mit der organisierten Kriminalität, die nicht nur gesellschaftspolitisch immer bedeutender wird, sondern auch über eine riesige Finanzkraft verfügt. So erzielte die russische Mafia 2005 einen jährlichen „Umsatz" von mehr als 220 Mrd. Euro. Die Verzahnung einzelner Oligarchen, die über Milliardenvermögen bzw. Liquidität verfügen, mit der russischen Mafia ist ein offenes Geheimnis. In diesem Zusammenhang wird die Bekämpfung der Wirtschafts- sowie der organisierten Kriminalität innerhalb der EU eine neue Dimension und Schlagkraft brauchen. Die Hoffnung ist, dass die Antikorruptionsgesetze inklusive Vollzug in der EU der russischen und europäischen Mafia Einhalt gebieten.

Fazit

Die EU hat mit Russland einen neuen Schlüsselmarkt vor der Haustür, der durch hohe Kaufkraft, finanzielle Überschüsse und eine relative Stabilität glänzt. Somit eröffnet sich eine weitere Big-Business-Chance für die Europäer, die es zu nutzen gilt.

Erfolgreiche Unternehmen verlassen sich nicht auf's Glück oder den Zufall, sondern auf Intelligenz und Strategie!

Maria Raith, kaufmännische Leitung der Krückl Baugesellschaft m.b.H. & Co KG, Perg

Resümee und Prognose vom Institut für Marketing und Trendanalysen

Die Vereinigten Staaten von Amerika glänzten in den letzten Jahrzehnten durch ein nahezu berauschendes Wirtschaftswachstum. Die klare Nummer eins in der Weltwirtschaft hieß unbestritten USA. Europa, Asien und der Rest der Welt blickten nahezu mit Demut und höchstem Respekt auf die 300 Mio. menschenstarke Volkswirtschaft, die – so schien es – nahezu alles im Griff hatte. Ein reales 4- bis 5%iges jährliches Wirtschaftswachstum, ein Mr. Greenspan, der die Weltfinanzpolitik steuerte, eine Rüstungsindustrie mit GI's, die eine neue Superlative in der Kriegsführung aufzeigten, eine NASA, die die Raumfahrt in eine neue Dimension führte, sind nur einige Beispiele, die Amerika so vorbildhaft darstellten. Abgerundet wurde das Ganze durch den allmächtigen Dollar als Weltwährung, einem Softdrink wie Coca-Cola, der ein Teil der amerikanischen Seele geworden ist, eine Automobilindustrie, die über Jahrzehnte hindurch von General Motors als weltweit größter Konzern angeführt wurde, und vieles mehr. Die Welt akzeptierte, dass die USA die politischen, militärischen und wirtschaftlichen Gesetze schrieben. Das Credo der Amerikaner durfte maximal hinterfragt, aber nicht behindert oder gar gestoppt werden. Schwimmend auf dieser riesigen Erfolgswelle begingen die USA signifikante strategische Fehler, die in den nächsten Jahren und bis 2015 zu einem Tal der Tränen führen werden.

Indien und Russland hingegen werden zu den Global-Player-Aufsteigern zählen. Nachfolgend dazu das Wirtschaftsranking der sieben größten Wirtschaftsmächte der Welt von 2007 und der Prognose des Instituts für Marketing und Trendanalysen für 2020.

Die sieben größten Wirtschaftsmächte der Welt 2007

	BIP in Mrd. €	Bevölkerung in Mio. Menschen
1. EU mit 27 Staaten	11.300	490
2. USA mit 50 Bundesstaaten	10.900	310
3. Japan	3.900	128
4. Volksrepublik China	2.000	1.300
5. Kanada	790	32
6. Indien	681	1.400
7. Südkorea	570	48

Grundsätzlich könnten Kritiker lediglich im Bereich der Europäischen Union zu Recht einwenden, dass eine integrale Betrachtungsweise der wirtschaftlichen Leistungskraft der Europäischen Union mit ihren 27 Staaten aus heutiger Sicht nicht zulässig sei, da es sich hier um kein gemeinsames politisches Staatenbündnis im Sinne eines vereinigten oder vereinten Europas handelt. Der Autor dieses Werkes will jedoch ganz bewusst die ökonomische Sichtweise über die derzeitige politische stellen, zumal ohnedies spätestens im Jahr 2015 die EU politisch als vereintes Europa im internationalen Wettkampf auftreten wird. Daher ist die integrale volkswirtschaftliche Betrachtungsweise legitim und wird hiermit vorgezogen.

Wie deutlich sich die Machtverhältnisse in der Weltwirtschaft bis 2020 verändern werden, zeigt die nachfolgende Tabelle.

Die sieben größten Wirtschaftsmächte der Welt 2020 Prognose des Instituts für Marketing und Trendanalysen

	BIP in Mrd. € 2020 Prognose	ø reales BIP-Wachstum p.a. von 2007 – 2020
1. Volksrepublik China	21.500	+ 20 %
2. EU exklusive Türkei	17.900	+ 3,5 %
3. USA inklusive hard landing	13.900	+ 1,9 %
4. Japan	6.900	+ 4,5 %
5. Indien	4.200	+ 15 %
6. Russische Föderation	2.190	+ 12 %
7. Südkorea	1.050	+ 4,5 %

Fazit

In der Weltwirtschaft werden die Karten gänzlich neu gemischt. Die größten Verlierer werden die USA und Kanada, die größten Gewinner China, die EU, Indien und Russland sein. Japan wird von der drittgrößten Wirtschaftsmacht aus dem Jahr 2007 auf Platz vier im Jahr 2020 zurückfallen. Südkorea von Platz sechs auf Platz sieben. Die Amerikaner werden sowohl politisch als auch wirtschaftlich einen neuen Realitätssinn schmerzlich entwickeln müssen, da das Quasimonopol der USA im politischen und wirtschaftlichen Anspruch, das nach dem Kalten Krieg als selbstverständlich galt, nicht mehr existiert. Die Weltwirtschaft wird sich von einem Quasimonopol zu einem Oligopol von sieben bis maximal zehn großen Wirtschaftsmächten entwickeln, die wiederum mit ihren jeweiligen Satellitenstaaten einen hochattraktiven Wirtschaftsraum darstellen und eine Leaderfunktion übernehmen werden.

Betrachtet man die interkulturellen Unterschiede zwischen Asien und Europa einerseits, den USA und Kanada andererseits, ist davon auszugehen, dass im Rahmen der zu erwartenden asiatischen Weltwirtschaftsoffensive, die primär von China angeführt und zwischen 2012 und 2015 stattfinden wird, die beiden Wirtschaftsräume der Europäischen Union und der USA inklusive Kanada und Mexiko signifikant näher zusammenrücken werden. Diese substanzielle Weichenstellung hat das Ziel, den Asiaten im Kampf um knappe Ressourcen und im wirtschaftlichen Wettbewerb, aber auch im politischen Paroli bieten zu können.

Quantitativ betrachtet stehen hiermit 1 Mrd. Europäer und Amerikaner sowie Kanadier 3 Mrd. Asiaten gegenüber. Russland mit seinen rund 150 Mio. Menschen, das sich eindeutig als Weltwirtschaftsmacht zurückmeldet bzw. noch stärker zurückmelden wird, wird wesentliche Weichenstellungen, die zu Veränderungen der politischen und wirtschaftlichen Weltkarte führen werden, vornehmen.

Afrika wird weiter in der wirtschaftlichen Bedeutung zurückbleiben, mit Ausnahme jener Staaten, die rohstoffreich sind. Diese werden bereits heute insbesondere von den Chinesen massiv umworben und finanziell unterstützt. Nordafrikanische Staaten wie z. B. Ägypten, Marokko oder Tunesien, um nur drei Beispiele zu nennen, könnten in weirer Folge als assoziierte Mitglieder, aber nicht als Vollmitglieder in die Europäische Union eingebettet werden. Hauptgrund dafür sind weniger wirtschaftliche als politische Überlegungen, nämlich der Aufbau einer Flüchtlingspufferzone, die von Afrika immer stärker in die Europäische Union überzuschwappen droht. Australien wird als eigenständiger Kontinent, der weltökonomisch eine geringe Bedeutung hat, eine ähnliche Entwicklung wie die USA nehmen. Australien hat sich bekanntlich in den letzten Jahren und Jahrzehnten massiv überschuldet und wird einen ähnlichen Weg, wie den, den die USA vor sich haben, durchschreiten.

Der Erfolgsfaktor für eine Kooperation heißt Arbeitsteilung:

Der Händler widmet seine Kraft und Zeit den Kunden – die Zentrale bereitet ihm dafür den Boden durch professionelle Arbeit im Hintergrund.

Dr. Günther Pacher, Vorstand/CEO der 3e Handels- und Dienstleistungs AG, Wels

Der prognostizierte Wirtschaftsaufschwung vom Institut für Marketing und Trendanalysen für 2005 ist da und hält bis 2012 an!

★ Der Trend zu massiven legalen und illegalen Zuwanderungsströmen

★ Der Trend zur reicher werdenden Gesellschaft

Der prognostizierte Wirtschaftsaufschwung vom Institut für Marketing und Trendanalysen in der EU hält bis 2012 an!

Von 2005 bis 2012 wird die größte Volkswirtschaft der Europäischen Union, Deutschland, ein durchschnittliches reales Wirtschaftswachstum von 3 % haben. Österreich wird im Durchschnitt 3,5 %, die Schweiz 3 % und Südtirol 3,5 % realisieren. Die EU wird ein jährliches Wirtschaftswachstum von durchschnittlich 3,5 bis 4 % inflationsbereinigt erwirtschaften, da insbesondere die osteuropäischen Beitrittsländer vom 1. Mai 2004 sowie die neuen Beitrittsländer Bulgarien und Rumänien ein reales Wirtschaftswachstum per anno von 7 bis 10 % erreichen werden.

Das Weltwirtschaftswachstum wird im selben Zeitraum pro Jahr und inflationsbereinigt um 5 % durchschnittlich steigen.

Die Gründe, warum die Staaten der EU bis 2012 nach dem schmerzlichen Jahrzehnt der minus 30 % mit dieser erfreulichen Trendwende zu rechnen haben, sind im Wesentlichen auf drei Faktoren zurückzuführen. Die erfolgreichen europäischen Unternehmen haben sich von 1995 bis 2004, wo im Rahmen des Jahrzehnts der minus 30 % in nahezu allen Branchen 30 % der Unternehmen aufgrund des knallharten Verdrängungswettbewerbs vom Markt eliminiert wurden, sehr kostenschlank, innovationsstark und marktoffensiv aufgestellt. Ein exzellenter Beweis dafür ist die überzeugende Exportquote der deutschen Betriebe, die ihre Schlagkraft im internationalen Wettbewerb stets aufs Neue dokumentieren. Auch die österreichischen Unternehmen, die insbesondere in den osteuropäischen EU-Staaten, neuerdings auch in Rumänien und Bulgarien, sehr erfolgreich sind, zeigen die hohe Wettbewerbsfähigkeit der europäischen Companies.

Der Wirtschaftsaufschwung hält an!

All jene sogenannten Experten, die den hohen Eurokurs als Wachstumsgefährdung für die europäischen Unternehmen definieren, sei an dieser Stelle klar gesagt, dass der schwache US-Dollar nur ein marginales Problem für die europäische Wirtschaft darstellt. Die Begründung dafür ist leicht nachvollziehbar. Nachdem der Leistungsaustausch der europäischen Unternehmen zu 85 % innerhalb der EU stattfindet, kann ein starker Euro nicht das essenzielle Problem einer prosperierenden Volkswirtschaft sein. Im Übrigen hat das Institut für Marketing und Trendanalysen bereits im Jahr 2005 in seiner Publikation „Den Gestaltern gehört die Zukunft" darauf hingewiesen, dass spätestens im Jahr 2010 der Dollarkurs bei 1,50 bis 1,60 Euro notieren wird.

Wenn die restlichen 15 % der Exporte außerhalb der EU in Dollar fakturiert werden, ist das für die betreffenden Companies zwar unangenehm, aber keineswegs bedrohlich. In Summe kann daher ein hoher Eurokurs im Vergleich zum US-Dollar mit großer Gelassenheit zur Kenntnis genommen werden, insbesonders auch deshalb, weil die explodierenden Energie- und Rohstoffpreise auf dem europäischen Markt damit massiv abgefedert werden.

Nachdem Erdöl in US-Dollar am Weltmarkt gehandelt wird, wäre ein Szenario, in dem ein US-Dollar ebenso viel kosten würde wie ein Euro, für die EU ein ungleich bedrohlicheres und schmerzlicheres. Bedenkt man, dass Rohöl und Erdgas, die in Europa auch in Dollar fakturiert werden, plötzlich um 40 % teurer eingekauft werden müssten, würde dies auf die Verbraucherpreise eine höchst unangenehme Wirkung haben. In so einem Fall würde beispielsweise der Literpreis für Superbenzin bereits im Jahr 2007 in Deutschland bei rund 2 Euro liegen.

Da solch eine Enwicklung die Geldbörsen der Endverbraucher massiv strapazieren würde, würde der private Konsum dadurch einen kurzfristig signifikanten Knick verzeichnen, der auch mittel- und langfristig schwer zu reparieren wäre. Bedenkt man, dass der wichtigste und größte Volkswirtschaftsfaktor der Europäischen Union nicht der Export, sondern der private Konsum mit einem Anteil von 56 % des Bruttoinlandsproduktes ist, ist eine marginale Abschwächung der Exportquote aufgrund des hohen Euros, die wiederum nur außerhalb der EU schlagend wird und den die europäischen Unternehmen verdauen können, somit ungleich leichter für die europäische Bevölkerung verkraftbar, als das Szenario, in dem der private Konsum als Folge explodierender Energie- und Rohstoffpreise durch einen schwachen Euro überproportionale Kosten verdauen müsste.

Im nächsten Jahrzehnt liegen die größten Chancen der Wirtschaft in der Schaffung von Möglichkeiten zur individuellen Behauptung des Einzelnen in einer durch Vermassung gekennzeichneten Gesellschaft.

Werner Prödl, Geschäftsführer der Passage Linz GmbH & Co KG, Linz

Wie überhaupt an dieser Stelle festgestellt werden muss, dass der Euro vollkommen zu Recht, wie auch die jüngste Vergangenheit zeigt, sich zur renommierten zweitgrößten Währung der Welt innerhalb kürzester Zeit entwickelt hat. Die EU-Staaten und deren Bürger, die den Euro als Zahlungsmittel gewählt haben, erfahren zusätzlich ein neues und anerkanntes internationales Standing, unabhängig davon, ob sie Waren kaufen oder internationale Reisetätigkeiten vollziehen.

Fakt ist, dass die USA und ihre verlängerten Brückenköpfe innerhalb der Europäischen Union den Euro, der sich als zweite Weltwährung etabliert hat, mit großem Unbehagen sehen. Zu den verlängerten Brückenköpfen der USA innerhalb der EU zählen drei Staaten. Erstens Großbritannien, das bekanntlich bis heute dem Euro ferngeblieben ist und politisch vieles daransetzt, dass die Idee und das Konstrukt eines vereinten Europas weiter substanziell behindert wird. Die Briten werden jedoch weiter zur Kenntnis nehmen müssen, dass die strategische Entwicklung der Europäischen Union sehr erfreulich bleibt und nicht mehr zu verhindern bzw. zu stoppen ist. Die Bremsklötze aus UK werden sukzessive weniger. Die weiteren zwei EU-Staaten, die als Brückenköpfe der Amerikaner dienen, sind Polen und Tschechien. Diese beiden Länder haben der Installation des neuen US-Raketenabwehrsystems auf EU-Boden trotz größter Bedenken aus Brüssel und Moskau zugestimmt. Bekanntlich ist die ehemalige US-Außenministerin Albright gebürtige Tschechin und pflegt den Brückenkopf USA – Tschechien auch weiterhin sehr intensiv und konsequent. Polen hatte historisch betrachtet schon immer exzellente Kontakte und Verbindungen in die USA. Die Reaktion aus Russland zur Entscheidung von Polen und Tschechien, das Abwehrschild der USA in diesen beiden Ländern zu stationieren, blieb nicht lange aus. Die Präsentation der weltweit einzigartigen Vakuumbombe seitens Moskaus ist nur ein Vorgeschmack auf weitere wirtschaftliche und militärische Antworten aus dem 150-Millionen-Staat auf „militärische Sandkastenspiele" der USA in Europa.

Unabhängig von Großbritannien, Tschechien und Polen wird ein vierter Staat in der 27-EU-Staaten-Familie eine signifikante Erschwernis bis 2015 darstellen, nämlich Frankreich. Die französische Politik hält noch immer am Glauben fest, dass Frankreich die „große Nation" Europas sei. Die Spitze an Überheblichkeit hat sich Präsident Sarkozy unter anderem dahingehend geleistet, dass er im September 2007 die exzellente Arbeit der Europäischen Zentralbank, die auch von den führenden Finanzministern der Europäischen Union hochgelobt worden ist, in internationalen Misskredit gezogen hat. Fakt ist, dass auch Frankreich, und hier ist die politische Führung im Konkreten gemeint, es zu respektieren hat, dass die EZB unabhängig von jedwedem poli-

tischen Einfluss die Leitzinsen nach bestem Wissen und Gewissen verändern kann und auch in Zukunft verändern wird.

Frankreich, Großbritannien und die USA haben unterm Strich eines gemeinsam: die Notwendigkeit eines Paradigmenwechsels. Diese drei Staaten sind wertvolle und wichtige Volkswirtschaften und Marktteilnehmer auf unserem Globus. Sie müssen das Paradigma zur Kenntnis nehmen, dass sie massiv an wirtschaftlicher Bedeutung verlieren bzw. verloren haben. Diese „Looser-Position“ werden die drei Staaten in den nächsten Jahren politisch und medial schmerzlich zur Kenntnis nehmen müssen und auch die neue Rolle, die sie als Global Player im Ranking spielen, zu begreifen haben. Ein Beispiel dazu:

Die US-Amerikaner haben in den letzten Jahrzehnten eines für selbstverständlich erachtet, nämlich, dass sie die politischen, wirtschaftlichen und militärischen Gesetze ohne Widerruf vorgeben können. Diese Zeit ist vorbei und wird insbesondere in den USA zu einem psychologischen und faktischen Schock der Bürger und der Volkswirtschaft führen. Die Europäische Union und der asiatische Raum werden in diesem Zusammenhang den US-Amerikanern das neue Ranking der einzelnen Staaten bzw. Wirtschaftsräume in der Weltwirtschaftsbedeutung vorführen. Die US-Wirtschaft ist seit 2007 weltweit nicht mehr die Nummer eins, sondern die zweitgrößte Weltwirtschaft und wird im Jahr 2015 nur mehr den dritten Platz belegen.

Zur Verdeutlichung dieser wirtschaftlichen Prognose vom Institut für Marketing und Trendanalysen sei darauf hingewiesen, dass China bis 2015 ein jährliches, inflationsbereinigtes Wirtschaftswachstum von rund 25 % vollziehen wird. Indien und Russland werden bis 2015 um mindestens 10 % jährlich real wachsen.

Fazit

Die Europäische Union und ihre Unternehmen, die das Herz und der Kreislauf des volkswirtschaftlichen Systems sind, zählen zu den internationalen Aufsteigern. Die europäische Wirtschaft wird bis 2012 brummen, ähnlich wie die chinesische und indische sowie russische Wirtschaft, die bis 2012 signifikant wachsen werden.

Die US-Wirtschaft wird nicht nur ein hard landing bis spätestens 2012 erleben, sondern auch begreifen müssen, dass sie 2015 als bis dato größte Wirtschaftsmacht der Welt von Platz eins auf Platz drei im globalen Wettbewerb abgerutscht sein wird und sich in neuer Bescheidenheit üben wird müssen.

Der Trend zu massiven legalen und illegalen Zuwanderungsströmen innerhalb der EU

Grundsätzlich ist im Rahmen der neuen Völkerwanderungszeit zwischen zwei Völkerwanderungsströmen zu unterscheiden. Innerhalb der EU werden in Zukunft Länder wie Spanien, Portugal, Italien, Frankreich von illegalen Zuwanderern, primär aus dem afrikanischen Raum, förmlich überstrapaziert werden. Konservative Prognosen gehen davon aus, dass im Jahr 2025 ein Viertel der französischen Bevölkerung Afrikaner sein werden! Wobei ein großer Teil der illegalen Einwanderer über das Meer oder andere schwer nachvollziehbare Wege kommen wird.

Die Herausforderungen an die Politik und Gesellschaft werden in diesen EU-Staaten enorm sein. Eine boomende Kriminalität, soziale Spannungen, Lohndumping durch illegale Arbeit bzw. Schwarzarbeit werden ebenso nach Lösungen schreien wie eine gezielte Integration bzw. eine verstärkte Abschottungs- und Abschiebepolitik vonnöten ist. Hinzu kommt, dass durch den Klimawandel mit seinen dramatischen Folgen, sofern nicht substanzielle Gegenmaßnahmen rasch eingeleitet werden, Millionen Menschen auf diesem Globus die Existenzgrundlage, nämlich Grund und Boden, durch häufiger und intensiver werdende Unwetterkatastrophen entzogen wird. Die reichen Industriestaaten und damit auch die EU haben substanziellen Handlungsbedarf zur präventiven Vermeidung und Bekämpfung von illegaler Zuwanderung.

Rein wirtschaftlich betrachtet braucht die EU mittel- und langfristig eine zunehmende Migration. Eine gezielt gesteuerte Einwanderung ist deshalb so wichtig, da Europa der einzige Kontinent weltweit ist, der bis 2050 eine rückläufige Bevölkerung hätte. Nur durch eine überlegte Migration kann der Wohlstand der EU-Bevölkerung gesichert und ausgebaut werden, da die Geburtenrate europaweit bis 2020 rückläufig bleiben wird.

Hände kann man kaufen, Herzen müssen gewonnen werden.
Marco Baumann, Unternehmensleiter der Rausch AG Kreuzlingen/Schweiz

Erfreulicherweise ist seitens der politischen Elite eine sehr ernst gemeinte und konstruktive Entwicklung zu beobachten, die im Wesentlichen lautet: „Migration im dosierten Maße ist sinnvoll, notwendig und gewünscht, aber nur dann, wenn die Einwanderer die EU-Gesetze und die der einzelnen Staaten und Kulturen respektieren." All jene Zuwanderer, die die Europäische Union als Selbstbedienungsladen bzw. als Parasitenparadies verstehen oder kriminelles Verhalten an den Tag legen, werden in Zukunft wesentlich rascher sanktioniert und abgeschoben als bisher.

Dass solch eine klare politische Linie, die nichts mit Rassismus oder Denunzierung von Menschen aus anderen Staaten zu tun hat, bei der breiten Öffentlichkeit auf fruchtbaren Boden fällt und sehr erfolgreich ist, beweisen seit Jahrzehnten die diesbezüglichen politischen und Exekutiv-Maßnahmen der Vereinigten Staaten von Amerika. Die USA, das Land, das Freiheit, Demokratie, Unabhängigkeit und Multikulturalität lebt wie kein anderes, hat parallel dazu die strengsten Einwanderungsgesetze, die es unter all den bestehenden demokratischen Staaten auf dieser Welt gibt. Sozusagen frei nach dem Motto: „Freiheit kann es nur dann geben, wenn es klare Grenzen gibt", oder wie die Amerikaner es zu sagen pflegen: „The law is the law".

In Österreich, Deutschland, Holland und Norditalien wird anstelle der illegalen Zuwanderung ein gänzlich anderer Trend von Bedeutung sein. Eine enorm wachsende legale Zuwanderung aus Osteuropa wird hier die Politik und Gesellschaft auf einen neuen Prüfstand stellen. Illegale Zuwanderung spielt in diesen genannten EU-Staaten eine untergeordnete Rolle, wenngleich Ukrainer, Russen, aber auch Islamisten verstärkt illegal einwandern werden wollen.

Die eigentliche große Herausforderung der obig genannten Länder ist und bleibt die Bewältigung des legalen Zuwandererstromes aus den osteuropäischen Staaten, die am 1. Mai 2004 der EU beigetreten sind.

Drei Schüsseldaten sind dabei von entscheidender Bedeutung.

Am 1.1.2008 ist ein freier Personenverkehr zwischen den zehn osteuropäischen Ländern und den etablierten EU-Staaten möglich. Passkontrollen gehören innerhalb der 25 EU-Staaten damit endgültig der Vergangenheit an. Das Schengener Abkommen wird an die Außengrenzen der EU-Osteuropastaaten wie zB Polen, Ungarn, Tschechien verlagert.

Der 1.1.2009 ist das zweite Stichdatum, das von substanzieller Bedeutung ist. Ab diesem Zeitpunkt dürfen sich die Bürger der zehn EU-Osteuropastaaten innerhalb der Europäischen Union ohne jedwede Reglementierung frei niederlassen. Möchte also ein Bürger beispielsweise aus Katowice, Krakow oder Budweis seinen Hauptwohnsitz nach Deutschland, Österreich oder Südtirol verlegen, ist dies erlaubt und ohne bürokratische Hürden machbar.

Ab dem 1.1.2011 dürfen Gewerbe- und Handelsbetriebe aus den genannten osteuropäischen Ländern ihren Unternehmenssitz innerhalb der Europäischen Union frei wählen und somit auch in den etablierten EU-Staaten wirtschaftlich aktiv werden.

Durch die Osteuropa-Öffnung und die drei Stichdaten, die grundsätzlich seit Jahren bekannt sind, wird eine Entwicklung in Gang gebracht, die von den großen statistischen Ämtern und Behörden bewusst oder unbewusst seit Jahren substanziell falsch kommentiert und prognostiziert wird. Konkret ist damit die zu erwartende legale große Zuwanderungswelle insbesondere aus den Ländern Polen, Tschechien, Slowakei und Ungarn nach Österreich, Deutschland, den Niederlanden und Norditalien gemeint.

Laut Prognose des Instituts für Marketing und Trendanalysen wird Österreich im Konkreten im Jahr 2010 rund 9 Mio. Menschen zählen, Deutschland etwa 92 Mio. Bürger haben. Das rund 13%ige Wachstum der Bevölkerung ist ausschließlich durch die Migration aus Osteuropa zu erklären. Die Mortabilität, also die Sterblichkeitsrate, wie auch die Fertilität bzw. Fruchtbarkeitsrate, die zwei weitere Parameter für Prognosen in der Bevölkerungsrechnung sind, zeigen keine sprunghaften Abweichungen.

Die Prognosequalität der großen und anerkannten statistischen Ämter im Bereich der Bevölkerungsentwicklung ist in diesem Zusammenhang betrachtet erschreckend schlecht. Ein konkretes Beispiel dazu: Die Statistik Austria, früher hieß es Österreichisches Statistisches Zentralamt, aber auch Eurostat aus Luxemburg, welche das offizielle statistische Organ für die Europäische Union ist, prognostizierten im Jahr 1999 für Österreich eine Bevölkerungsanzahl für das Jahr 2010 von 8,048.000 Menschen. In Österreich lebten im Jahr 2001 effektiv 8,032.000 Bürger. Konkret zeigte damit die Prognose der Statistik Austria an, dass die österreichische Bevölkerung in den nächsten 10 Jahren stagnieren wird. Im Jahr 2007 revidierte dasselbe Institut, nämlich Statistik Austria, seine Prognose signifikant für 2010. Das offizielle statistische Organ der Republik Österreich prognostiziert neuerdings eine Bevölkerungsanzahl von 8,416.000 Menschen im Jahr 2010. Die Begründung dazu liegt in einer sogenannten unerwartet hohen Zuwanderung insbesondere aus den osteuropäischen Staaten. Auch die neu überarbeitete Bevölkerungsprognose, die deutlich nach oben revidiert wurde, wird insofern substanziell falsch sein, da im Jahr 2010 Österreich rund 9 Mio. Menschen beheimaten wird. Diese 9-Mio.-Bevölkerungsprognose wurde vom Autor dieses Buches übrigens bereits im Jahr 1999 in der Festschrift „Auf ins neue Jahrtausend" publiziert. Für 2015 wird seitens des Instituts für Marketing und Trendanalysen Österreich eine Bevölkerungsanzahl von 9,4 bis 9,5 Mio. Menschen prognostiziert. Zur Verdeutlichung der unterschiedlichen Qualitäten der jeweiligen Prognoseinstitute finden Sie dazu die nachfolgende Grafik.

Der Wirtschaftsaufschwung hält an!

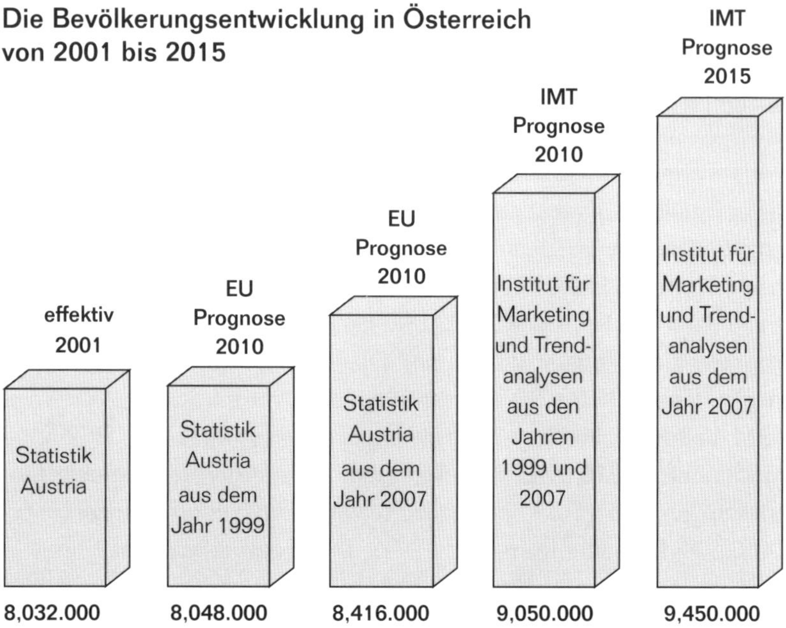

Quellen: Statistik Austria und Eurostat sowie Institut für Marketing und Trendanalysen GmbH

Wie irreführend falsche Prognosen im konkreten Fall seitens der Statistik Austria sind, zeigen die daraus resultierenden politischen und gesellschaftlichen Diskussionen. Über viele Jahre hindurch wurden in der Öffentlichkeit Ängste geschürt, die da hießen, dass aufgrund der Überalterung und der stagnierenden Bevölkerungsanzahl in Österreich die Pensionen und auch das Gesundheitssystem nicht mehr bzw. nur sehr schwer finanzierbar wären. Die Sicherheit der Pensionen stehe auf dem Spiel. Beides ist falsch. Sowohl die Pensionen als auch das Gesundheitswesen sind aufgrund der stark steigenden Bevölkerungsanzahl inklusive der signifikanten Verjüngung, die durch Zuwanderung stattfindet, in den nächsten 20 Jahren absolut gesichert und damit auch finanzierbar. Dass diese Diskussionen seitens

Rundum
gut versorgt.
Energie
Entsorgung
Wasser

der Politik inklusive der damit verbundenen medialen Berichterstattung das psychologische Wirtschaftsklima und damit den privaten Konsum über Jahre signifikant belastet haben, ist ein weiteres trauriges Faktum.

Ein ähnlicher Prognosefehler zeichnet sich in der größten Volkswirtschaft der Europäischen Union, nämlich in Deutschland, seit Jahren ab. Das Statistische Bundesamt Wiesbaden prognostiziert seit 1999 eine stagnierende Bevölkerung für Deutschland bis 2010. Langfristig gehen die Statistiker in Wiesbaden davon aus, dass Deutschland eine rückläufige Bevölkerung haben würde. Auch diese Prognose geht massiv am Ziel vorbei. Denn durch die enorme Zuwanderung, die das Institut für Marketing und Trendanalysen auch für Deutschland prognostiziert, werden im Jahr 2010 in der größten und leistungsfähigsten Volkswirtschaft Europas rund 92 Mio. Menschen leben, im Jahr 2000 waren es rund 82 Mio. Bürger.

Die Bevölkerungsentwicklung in Deutschland von 2001 bis 2015

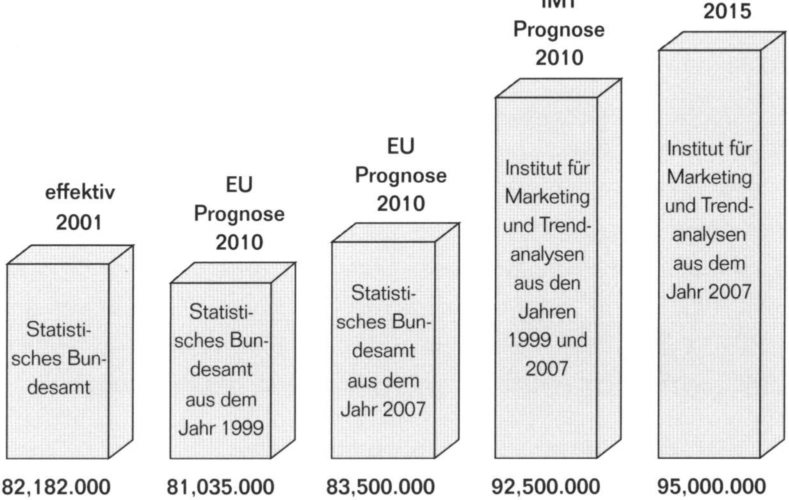

Quellen: Statistisches Bundesamt Wiesbaden und Eurostat sowie Institut für Marketing und Trendanalysen GmbH

Bedenkt man, dass beispielsweise die Abschaffung der Eigenheimzulage in Deutschland, die insbesondere auch aufgrund einer stagnierenden bzw. rückläufigen Bevölkerungsprognose beschlossen wurde, der gesamten Branche im Einfamilienhaus-Neubau einen Markteinbruch im Jahr 2007 im Vergleich zum Jahr 2006 von minus 50 % beschert hat, sind solche Prognosequalitäten in Zukunft mit Sicherheit kritischer zu sehen und auch zu sanktionieren. Ähnlich wie in Österreich wurden auch in Deutschland Jahre hindurch Ängste und Sorgen in der breiten Öffentlichkeit geschürt, dass die Renten und die Gesundheitsversorgung nicht mehr finanzierbar wären.

Die Zeit wird zeigen, wer mit seiner Prognose im Jahr 2010 Recht behalten hat. Im Jahr 2015 wird Deutschland laut Prognose des Instituts für Marketing und Trendanalysen durch eine weiter zunehmende Zuwanderung auf etwa 95 Mio. Menschen anwachsen.

Dass eine stark steigende Bevölkerung zusätzliches Wirtschaftswachstum generiert, ist eine conditio sine qua non. Nicht nur der private Konsum, sondern auch die privaten und öffentlichen Investitionen werden dadurch eine neue und positive Dynamik erfahren, die das Wirtschaftswachstum zusätzlich stimulieren wird.

Der Trend zur reicher werdenden Gesellschaft

Bis 2015 wird die Oberschicht/obere Mittelschicht von 23 % der Gesamtbevölkerung, Stand 2006, auf 43 % ansteigen! Innerhalb von 10 Jahren wird sich die Zahl der Reichen bzw. der oberen Mittelschicht in Deutschland, Österreich, der Schweiz und Südtirol nahezu verdoppeln. Wissenschaftlich und praktisch macht es Sinn, die bestehende und zukünftige Gesellschaft in einzelnen Mainstreams, die eine Kombination aus monetären und psychologischen Faktoren sind, zu definieren. Ausgangspunkte dazu sind Studien aus Deutschland, die die wesentlichen Mainstreams in der Gesellschaft im Jahr 2006 beschreiben.

Die Entwicklung der Gesellschaft in Deutschland, Österreich, Schweiz & Südtirol

2006		IMT-Prognose 2015	
Etablierte	10 %	Etablierte	12 %
Postmaterielle	5 %	Postmaterielle & Generation d. Erben	9 %
Moderne Performer	5 %	Aufsteiger/moderne Performer	9 %
Konservative	3 %	65-Plus-Generation	6 %
Σ Oberschicht/obere Mittelschicht	23 %	Ökolog. Trendsetter	5 %
Bürgerliche Mitte	16 %	Einwanderer	1 %
Traditionsverwurzelte	7 %	Konservativ Nostalgische	1 %
Experimentalisten	6 %	Σ Oberschicht/obere Mittelschicht	43 %
Postmaterielle	5 %	Bürgerliche Mitte	9 %
Moderne Performer	4 %	Ökolog. Trendsetter	7 %
Nostalgische	4 %	65-Plus-Generation	6 %
Konservative	2 %	Konservativ Nostalgische	3 %
Hedonisten	2 %	Einwanderer	2 %
Σ Mittlere Mittelschicht	46 %	Σ Mittlere Mittelschicht	27 %
Konsummaterialisten	11 %	Poor People	12 %
Hedonisten	9 %	Einwanderer	7 %
Traditionsverwurzelte	8 %	65-Plus-Generation	7 %
Nostalgische	2 %	Konservativ Nostalgische	2 %
Experimentalisten	1 %	Ökolog. Trendsetter	2 %
Σ Untere Mittelschicht	31 %	Σ Untere Mittelschicht	30 %

Die deutsche Gesellschaft 2006 – eine Ist-Beschreibung

23 % der deutschen Bundesbürger gehörten 2006 der Oberschicht bzw. oberen Mittelschicht an. Wovon 10 % Etablierte, 5 % Postmaterielle, 5 % moderne Performer, die Spitzenleistungen erbringen, 3 % Konservative, die auf ihr Geld und Vermögen besonders achten, repräsentieren. Mit 16 % lag die bürgerliche Mitte, die durch das Ziel geprägt ist, ein Eigenheim, Familie und einen sicheren Job zu haben und traditionellen Werten verbunden ist, auf Platz eins in der mittleren Mittelschicht. Traditionsverwurzelte und Experimentalisten, letztere sind innovativ und auch risikofreudig, belegen Platz zwei und drei in der mittleren Mittelschicht. Hedonisten sind jene Menschen bzw. gesellschaftliche Gruppen, die einfach Spaß und Lust am Leben im Rahmen ihrer Möglichkeiten haben wollen. Diese Gesellschaftsgruppe, nämlich die mittlere Mittelschicht, war 2006 die größte mit 46 %. Die untere Mittelschicht mit 31 % wird von den Konsummaterialisten angeführt, das sind jene Gruppierungen bzw. Personen, die bevor das wirtschaftliche Desaster ausbricht oder das Abrutschen in die Armutszone passiert, nochmals eine besondere Konsummaximierung leben.

Auf die „Meister der Elemente“ im Handwerk kommt es an, wenn unsere Wünsche nach natürlicher Wärme, bestem Wasser, geschützter Erde und gesunder Luft umfassend erfüllt werden sollen.

Elfi Fuchs, Geschäftsführerin der SHK GmbH & Co KG, Kooperation des sanitären und Heizungsfachhandwerks, Bruchsal

Die Gesellschaft im Jahr 2015 – eine exklusive Prognose vom Institut für Marketing und Trendanalysen

In Deutschland, Österreich, der Schweiz und Südtirol wird die mittlere Mittelschicht im Zeitraum von 2006 bis 2015 von 46 % auf 27 % zurückgehen. Die Oberschicht/obere Mittelschicht ist der einzige und fulminante Sieger. Der Anteil steigt von 23 % auf 46 % und verdoppelt sich damit! Die untere Mittelschicht bleibt mit 30 % nahezu stabil, wobei 12 % der Bevölkerung im Jahr 2015 an oder unter der Armutsgrenze leben werden. Es ist daher ein massiver Irrtum zu glauben, dass die Reichen und die Armen in unserer Gesellschaft aufgrund der Ausdünnung der Mitte gleichermaßen zunehmen werden. Genau das Gegenteil ist der Fall. Die untere Mittelschicht inklusive der Armen bleibt stabil, hingegen wächst die Oberschicht und obere Mittelschicht enorm. Bedenkt man, dass in Deutschland jährlich zwischen 200 und 250 Mrd. Euro an Sach- und Geldvermögen vererbt werden, dann trifft diese positive Umverteilung tendenziell immer mehr Menschen, die nicht nur aus der Oberschicht kommen. Im Übrigen entspricht die jährliche Erbsumme in Deutschland wertmäßig dem Jahres-BIP Österreichs.

Die neuen und großen Gesellschaftsveränderungen und Strömungen werden durch die Postmateriellen und die Generation der Erben verursacht. Mit 9 % repräsentieren diese Menschen die zweitreichste bzw. zweitvermögenste Gesellschaftsgruppe. Die 65-Plus-Generation verkörpert die viertreichste Gruppe innerhalb der Oberschicht/oberen Mittelschicht gefolgt von ökologischen Trendsettern. Dies sind jene Gruppen, die den Trend zum Greening-up bewusst leben, präsentieren und Zeichen setzen, die dem Klimaschutz dienen. 1 % der Oberschicht/oberen Mittelschicht werden Einwanderer sein.

In der mittleren Mittelschicht wird die bürgerliche Mitte 2015 der größte Verlierer sein. Ihr Anteil wird von 16 % auf 9 % fallen! Die größten Gewinner werden die ökologischen Trendsetter sowie die 65-Plus-Generation sein.

In der unteren Mittelschicht werden rund 12 % der Menschen an bzw. unter der Armutsgrenze leben.

Die Prozentzahlen dieser Society Mainstreams können je nach Betrachtungsweise und Wunsch auf die absolute Bevölkerungsanzahl des jeweiligen Staates heruntergebrochen werden. 2015 wird Deutschland eine Gesamtpopulation von rund 95 Mio. Menschen, Österreich von 9,4 Mio. und Südtirol von etwa 520.000 Bürgern verzeichnen. Diese drei Länder werden damit ein überproportional hohes Bevölkerungswachstum haben. Lediglich die Schweiz wird nur ein kleines Bevölkerungswachstum auf 7,7 Mio. Menschen verzeichnen. Die gesellschaftlichen Mainstreams gelten im Wesentlichen für alle vier Länder gleichermaßen.

Der Trend zur „Green Mission“

★ Die dramatischen Folgen des Klimawandels

★ Der Trend zum „Greening-up“ und zum aktiven Klimaschutzbeitrag

★ Der Trend zu effizienten Frühwarnsystemen

★ Der Trend zur neuen sozialen Wärme

Die dramatischen Folgen des Klimawandels

Neueste Fakten der renommierten Forschungs- und Meteorologieinstitute zeigen zum einen, dass der Klimawandel mehrheitlich von uns Menschen verursacht wurde bzw. wird, und zum anderen, dass der Klimawandel wesentlich rasanter fortschreitet als bisher angenommen. Nachfolgend dazu einige ausgewählte Daten und Fakten.

Der Trend zum bedrohlichen Anstieg des Meeresspiegels

Bis 2080 wird der Meeresspiegel weltweit um fünf bis acht Meter ansteigen, da die Polkappen und das „ewige Eis“ Grönlands aufgrund der Erderwärmung rascher abschmelzen als bisher angenommen. So hat die Fläche des Polkappeneises innerhalb der letzten 30 Jahre um 10 % abgenommen, seine Dicke sogar um 40 %! Auch das rasche und nachhaltige Abschmelzen der Gletscher ist ein weiterer Beweis für diese Entwicklung, die das „ewige Eis“ derzeit durchmacht. Atemberaubend schnell schreitet die Abschorfung des Grönlandeises voran. Bekanntlich liegen 90 % der Eisberge unter Wasser, 10 % darüber. Im Sommer 2007 musste eine wissenschaftliche Forschungsstelle mit mehr als 40 Mann in Grönland aufgelassen werden, da das ewige Eis förmlich wegschmolz. Immer mehr Eisberge werden in Meereszonen treiben, die davon noch nie betroffen waren.

Die Folgen aus dieser Entwicklung sind gravierend. Bereits 2015 wird es erste Gebiete geben, die aufgrund des stark ansteigenden Meeresspiegels unter Wasser sein werden. In den nächsten 50 Jahren werden große und bisher bevölkerte Gebiete unbewohnbar sein. So wird, sofern keine Gegenmaßnahmen getroffen werden, Kalifornien zu zwei Dritteln unter Wasser liegen, Holland wird von der Landkarte verschwunden sein, ebenso wie viele Inseln, die heute mit flachen Sandstränden die Touristen erfreuen.

Al Gore hat dies in seinem Film „Eine unbequeme Wahrheit“ sehr treffend beschrieben. Wenn Menschen aufgrund politischer oder religiöser Gründe verfolgt werden und fliehen müssen, ist das ein Drama. Wenn zig Millionen Menschen aufgrund des raschen Anstieges des Meeresspiegels ihre Heimat verlassen müssen, ist das eine Tragödie.

Jedes Problem ist lösbar, wenn man sich vom Problem löst.

Gepflegte Almen von heute sind das Kapital für uns alle von morgen. Helfen wir unseren Bauern, dafür zu sorgen.

Barbara Kircher, Geschäftsführerin des Kärntner Almwirtschaftsvereins, Weißenstein

Besorgniserregend ist jedoch, dass aufgrund der bisher international getroffenen Maßnahmen davon auszugehen ist, dass die Geschwindigkeit des Klimawandels die Reparaturmaßnahmen der Menschheit in einer Kontraproduktivität und Dimension überholen wird, die manche Science-Fiction-Szenarien in den Schatten stellen.

Sicher ist, dass der Meeresspiegelanstieg nicht erst am 31. Dezember 2079 passieren wird, sondern dass es sich hier um einen kontinuierlichen Prozess handelt, der durchaus noch rascher voranschreiten kann, als die beschriebene Entwicklung aufzuzeigen vermag.

Durch die Abschmelzung der Polkappen wird indes die Erderwärmung zusätzlich beschleunigt, da die Brechung der Sonnenstrahlen signifikant abnehmen wird. Tatsache ist, dass Eis 80 % der Sonnenstrahlen reflektiert, der Boden 30 % und die Meeresoberfläche nur 7 %. Je kleiner also die Eisfläche auf den Polen wird, umso geringer ist die Brechung der Sonnenstrahlen.

Die US-Raumfahrtbehörde NASA geht davon aus, dass bis 2050 die Temperatur in der Antarktis zusätzlich um 3,6 % steigen wird. Renommierte Klimaforscher sehen im Rahmen der Erderwärmung ein Plus von 2° Celsius als absolute Höchstgrenze, die noch beherrschbar erscheint. Wird die Erderwärmung mehr als 2° Celsius betragen, und das ist nach den jüngsten Prognoserechnungen der Fall, dann werden auch die vorhandenen Permafrostböden aufweichen. Insbesondere in Sibirien sind derzeit riesige Flächen „tiefgefroren“, unter denen Methangas lagert. Wenn diese Böden aufgrund der Erderwärmung auftauen, würde das Methangas in einer Dimension entweichen, die die Ozonschicht massiv verringern und somit Mensch und Tier zusätzlich gefährden würde.

Der Handlungsbedarf, um die Erderwärmung zu stoppen, ist politisch wie auch wirtschaftlich eine conditio sine qua non. Hoffnungsvolle Ansätze dazu gibt es, die im Weiteren noch ausgeführt werden. Fakt ist, dass der Klimawandel zum größten Arbeitgeber in den nächsten Jahrzehnten heranreifen wird, denn für Millionen von Menschen bedeuten die dramatischen Folgen des Klimawandels einen Kampf ums nackte Überleben!

Der Trend zu häufiger und intensiver werdenden Wetterkapriolen und Unwetterkatastrophen

Die Unwetterextreme werden häufiger und intensiver. Die bislang wärmsten Jahre waren 1998, 2001, 2002, 2003, 2004, 2005 sowie 2007. Noch nie seit Beginn der Aufzeichnungen gab es im Atlantik so viele tropische Wirbelstürme, noch nie wuchsen so viele zur vollen Hurrikanstärke heran, noch nie gab es in Europa so große Schäden durch Unwetterkatastrophen.

HDI
GERLING
Leben
www.gfin.at
HDI-Gerling Financial Services GmbH
Gemeinsam
für Ihre Zukunft

Während die Anzahl der geophysischen Katastrophen, nämlich Erdbeben, in der Vergangenheit gleichgeblieben ist, hat die Anzahl der hydrometeorologischen Katastrophen wie Stürme, Überschwemmungen und Dürren signifikant zugenommen. Tatsache ist, dass Stürme und Überschwemmungen in Europa, in Nordamerika, in Asien und im Pazifik zu den häufigsten Unwetterkatastrophen zählen. Fakten aus der Vergangenheit zeigen, dass die Hauptjahreszeiten Winter und Sommer dem Gesetz der Wetterextremas folgen, die Übergangszeiten Frühling und Herbst tendenziell kürzer werden.

Für Deutschland und Österreich gilt, dass die Sommer tendenziell länger und wärmer werden. In Südeuropa werden die Hitzewellen und Wetterextremas in den Haupturlaubsmonaten Juli, August und September immer intensiver und schlimmer.

Der Wintertourismus wird in den Alpen über 1.500 Meter eine nachhaltige, relativ sichere Schneedecke garantieren können. Alle darunterliegenden Wintertourismusregionen werden durch den Klimawandel signifikante Einbrüche zu verzeichnen haben oder sie entdekken neue Sportarten, die im schneelosen Winter Fitness und Fun bieten. Winter-Biking wird eine neue Trendsportart. Sessellifte werden vermehrt auf Gondeln umgerüstet, die „Snow-and-Bike“-Gondeln werden Hängevorrichtungen für Mountainbikes haben, wie sie aus den Zügen bekannt sind. Bereits heute ist auf vielen Almen Österreichs der Trend zum Winter-Mountain-Biking erkennbar.

Der Trend zum knappen Trinkwasser setzt sich fort!

Durch die Erderwärmung, die Zunahme der Weltbevölkerung sowie durch eine mehrheitlich veraltete Wasser- und Abwassertechnologie, insbesondere in den größten Städten unserer Welt, wird sauberes Wasser zum knappen Gut. Mehr als 1,1 Mrd. Menschen haben keinen Zugang zu sauberem Wasser. 2,4 Mrd. Menschen verfügen über keine akzeptablen Sanitäreinrichtungen. Heute zählt die Weltbevölkerung 6,5 Mrd. Menschen, 2025 werden es rund 8,5 Mrd. sein. In 20 Jahren, so eine Prognose der UNO, werden 1,8 Mrd. Menschen in Regionen leben, wo akuter Wassermangel herrscht, weitere 5 Mrd. Menschen werden zu wenig Trinkwasser haben.

Ein Beispiel aus Kalifornien: Gouverneur Schwarzenegger hat soeben ein Milliardenbudget freigegeben, das die Trinkwasserversorgung der Kalifornier sicherstellen soll, zumal als Folge des Klimawandels und der dortigen Hitzewellen das Grundwasser immer stärker versiegt bzw. aufgrund von Verschmutzung unbrauchbar geworden ist.

Firmen, die in der Branche der Trink- und Abwassertechnik kompakte und professionelle Lösungen anbieten können, gehen sozusagen boomenden Märkten entgegen.

Aufgrund der dramatisch schlechter werdenden Trinkwassersituation sind neben regionalen und internationalen Konflikten um das knappe weiße Gold die Entstehung neuer Krankheiten sowie das Voranschreiten von Seuchen eine logische Folge. Der Einfluss der Ökologie auf die Gesundheit der Menschen ist seit Hippokrates Teil der ärztlichen Erkenntnis. Die Qualität von Luft, Wasser und Boden galten schon vor 2.500 Jahren als substanzielle Einflussfaktoren auf das Wohlbefinden der Menschen. Diese Betrachtungsweise hat in der Medizin signifikant an Bedeutung gewonnen.

Der Trend zu wachsenden Gesundheitsrisiken aufgrund des Klimawandels und der Umweltverschmutzung

Die Auswirkungen des Klimawandels werden somit direkte und indirekte Schäden auf unsere Gesundheit nach sich ziehen. Durch die Zunahme von Hitzewellen werden zukünftig beispielsweise überproportional viele Todesfälle durch Herz-Kreislauf-Versagen zu verzeichnen sein. Ein Beispiel dazu aus der jungen Vergangenheit: Im heißen Sommer 2003 starben in Europa 35.000 Menschen mehr an Herz-Kreislauf-Versagen als statistisch üblich. In Frankreich kam es durch diese Hitzewelle in allen Regionen zu einem signifikanten Anstieg der Sterblichkeit in der 45-Plus-Generation.

Ein indirektes Gesundheitsrisiko durch den Klimawandel sind Infektionskrankheiten der bekannten und neuen Art. Europa ist beispielsweise biologisch durch Malaria gefährdet. Die Überträgermücken sind hierzulande vorhanden. Wirksame Maßnahmen des öffentlichen Gesundheitssystems können aber unsere Bevölkerung schützen.

Ruft man Bilder insbesondere aus dem asiatischen Raum bzw. aus den Megacities dieser Welt ab, ist beobachtbar, dass sich die Menschen wochenlang nur mehr mit Sauerstoffmasken bzw. mit Nasen- und Mundschutz bewegen können, da die Smogbelastung in den Städten dermaßen intensiv und gesundheitsgefährdend geworden ist. Dies ist erst der Anfang einer erschreckenden Entwicklung in den Wirtschaftsmotoren der Länder, den städtischen Bereichen.

Renommierte Mediziner gehen davon aus, dass aufgrund der gesundheitsgefährdenden Umweltbedingungen in den Städten, verursacht durch den Klimawandel, neue Seuchen bzw. Krankheitsbilder entstehen, die insbesondere durch die intensive internationale Reisetätigkeit innerhalb von wenigen Stunden bzw. Tagen auch in fremde Regionen übertragen werden können.

Nachfolgend ein Überblick der weltweit größten Städte von 1950 bis 2015. Lagen beispielsweise im Jahr 1950 von den 15 größten Städten der Welt noch fünf in Europa, sind die Megacities von 2015 allesamt keine europäischen mehr. Die größte Herausforderung der Urbanisierung, insbesondere der Megacities in Asien und Amerika, ist die Grundversorgung der Menschen mit Trinkwasser, sauberer

Sowohl das öffentliche wie auch das private Gesundheitssystem wird sich darauf einstellen müssen, dass aufgrund des Klimawandels, der Umweltverschmutzung sowie des Booms der Megacities neue Schwerpunkte in der Forschung und Entwicklung bzw. Therapie zu setzen sein werden.

Nachdem China sein Wirtschaftswachstum ungebremst fortsetzen wird, ist mit einer zusätzlichen Belastung des Weltklimas zu rechnen. Hinzu kommt, dass sich die USA bisher unverantwortlicherweise geweigert haben, einen aktiven Beitrag zum Umweltschutz zu ratifizieren. Die Zuspitzung dieser Negativentwicklung ist damit vorprogrammiert.

Eine erfreuliche Ausnahme dazu ist der bevölkerungsreichste Staat der USA, Kalifornien, unter der Führung von Gouverneur Arnold Schwarzenegger, der konsequent und zum Teil sehr visionär auf Klima- und präventiven Gesundheitsschutz setzt. So unterstützt er vorbildhaft das weltweit größte Programm in der Fotovoltaik. Allein in Kalifornien sollen in den nächsten Jahren eine Million Solardächer errichtet werden. Weiters hat der Gouverneur Kaliforniens ein Gesetz erlassen, das die Reduktion des Ausstoßes von Treibhausgasen bei Pkws um 30 % vorschreibt. Trotz Gerichtsklage der Autoindustrie und der US-Regierung hält Arnold Schwarzenegger an seinem Beschluss fest.

Umweltschutz passiert oftmals effizienter und rascher in Einzelstaaten, in überschaubaren Regionen bzw. in Kommunen. Gleichzeitig braucht es jedoch unbedingt ein globales Maßnahmenpaket sowie Rahmenbedingungen und Gesetze, die den dramatischen Folgen des weltweiten Klimawandels positiv entgegenwirken.

Der Trend zum „Greening-up“ und zum aktiven Klimaschutzbeitrag

Man ist, was man isst. Man ist, wie man wohnt. Diese beiden Lebensweisheiten werden in Zukunft durch eine dritte ergänzt, die da heißen wird: Man ist, welchen Beitrag man zum aktiven Klimaschutz leistet!

Fakt ist, dass die dramatischen Folgen des Klimawandels nur dann repariert bzw. eingedämmt werden können, wenn alle Menschen von der Makro- bis zur Mikroebene einen aktiven Klimaschutzbeitrag leisten. Besonders erstrebenswert ist es für Wirtschaftsräume, Länder, Kommunen, Unternehmen und Einzelmenschen ihren Beitrag dann zu leisten, wenn sichtbare Zeichen zum Klimaschutz, die Vorbild- und Leitfunktion haben, gesetzt werden können. Dazu einige ausgewählte Beispiele:

Der US-Handelsriese Walmart hat am 19. Juli 2007 angekündigt, dass der Treibstoffverbrauch seiner 7.000 Lkw umfassenden Flotte bis 2015 halbiert wird. Ermöglicht soll dies durch eine Umrüstung der Trucks auf Hybridmotoren und in weiterer Folge auf Elektromotoren werden. Kurzfristig sollen neue Reifengenerationen, Spoiler sowie ein neues Energiemanagementsystem den Spritverbrauch senken helfen. Zusätzlich will Walmart die Entwicklung von Hybrid-Lkws finanziell unterstützen. Dieses Greening-up von Walmart führt dazu, dass der weltweit größte Lebensmittelhändler in die Entwicklung von umweltschonenden und intelligenten Antriebskonzepten für Trucks eingreift! Walmart erwartet sich durch diese Maßnahme zweierlei: Neue und nachhaltige Wettbewerbsvorteile gegenüber den Konkurrenten sowie das innovative Image einer Greening-up-Company. Die US-Öffentlichkeit wird das Greening-up von Walmart mit Begeisterung aufnehmen.

Dass der Trend zum Greening-up nicht nur eine Profilierungschance für große Companies ist, beweist eine sehr erfolgreiche Unternehmensgruppe, die der KMU-Größenordnung zuzuordnen ist. In Österreich gibt es die Hand-in-Hand-Werker, die in Kärnten, Salzburg und der Steiermark sehr erfolgreich tätig sind. Das Kerngeschäft der Hand-in-Hand-Werker ist die Renovierung und Sanierung bzw. der Umbau und Zubau an bestehenden Gebäuden. Die einzigartige Geschäftsidee ist die, bei Projekten, unabhängig davon, ob es sich um eine Badrenovierung oder um eine Sanierung bzw. intelligente Modernisierung am Gebäude handelt, zu der unterschiedliche Handwerksbetriebe ihren Beitrag leisten müssen, dem Kunden eine Fullservice-Leistung anzubieten. Der Kunde hat den Vorteil, nur einen einzigen Ansprechpartner zu haben, der die unterschiedlichen Gewerke koordiniert, wobei die Leistung zum Fixpreis und Fixtermin angeboten wird. In der Herbst-Direktmarketing-Aussendung 2007 hat die Hand-in-Hand-Werker-Gruppe eine sehr schöne Greening-up-Idee beworben, nämlich die Pflanzung von drei Hand-in-Hand-Werker-Jungwäldern in den drei Bundesländern Österreichs, in denen die jeweiligen Firmen tätig sind. Zu Beginn werden je 1.000 Jungbäume gepflanzt. Ziel ist es, in fünf Jahren die Jungwälder auf je 10.000 Bäume aufzuforsten. Damit soll ein kleiner, aber aktiver Beitrag zum Klimaschutz geleistet werden. Die etwa drei- bis fünfjährigen Bäume werden in Kooperation mit Schulen, Kindergärten, Gemeindevertretern etc. PR-wirksam gepflanzt.

Vom Kleinen wieder ins Große. Auch in China gibt es immer mehr Beispiele, die dem Trend zum Greening-up und damit zum aktiven Klimaschutzbeitrag entsprechen.

40 Kilometer von Shanghai entfernt wird die erste CO_2-neutrale Stadt entstehen. Auf der Insel Chongning wird die Stadt Dongtan errichtet, die so groß wie Manhattan wird. Autos, Straßenbahnen und Boote

werden mit Wasserstoff- oder Elektromotoren betrieben. Das Wegenetz soll Radfahrer und Fußgänger bevorzugen. Windenergie und Fotovoltaik sollen als Hauptstromlieferanten dienen. Bedenkt man, dass in den nächsten 20 Jahren in China etwa weitere 350 Mio. Menschen in den städtischen Bereich zuziehen werden, sind solche Modelle nicht nur von strategischer, sondern auch von kurzfristiger Bedeutung.

Durch den Beschluss der EU, dass der Anteil an erneuerbaren Energien bis 2020 zu verdreifachen ist, werden neue ökologische Statussymbole im Bereich der Bauwirtschaft und hier im Besonderen im Objektbau und beim Neubau von Ein- und Zweifamilienhäusern sowie bei der Renovierung und Sanierung zu enormen Wachstumsmärkten führen. Ein Einfamilienhaus bzw. ein renovierter Objektbau mit sichtbaren Fotovoltaikmodulen auf Fassade, Dach oder Balkon oder ein Firmengebäude, das Fotovoltaik und Brennstoffzellentechnologie einsetzt, wird zu den eleganten Marktteilnehmern zählen. Im automotiven Bereich werden all jene User fortschrittlich und vorbildhaft wirken, die spätestens ab 2010 mit Hybridtechnologie oder wasserstoff- bzw. brennstoffzellenbetriebenen Autos fahren. Der Trend zum Greening-up wird zu einem Must-have und nicht zu einem Nice-to-have. Phantasiereiche Ideen mit Substanz werden die Menschen täglich aufs Neue begeistern. 08/15-Greening-up-Maßnahmen werden hingegen als Scharlatanerie rasch entlarvt und abgelehnt werden.

Ähnlich wie die Raucher, die aus öffentlichen Gebäuden und an vielen Orten bereits aus Lokalen verbannt wurden, werden all jene Länder, Kommunen, Firmen und Private, die keinen sichtbaren Beitrag zum Klimaschutz leisten, in der Öffentlichkeitsmeinung massiv abrutschen. Pseudo-PR und Werbeaktivitäten werden davor nicht schützen. Die Öffentlichkeit erwartet sich, dass all jene, die das nötige Kleingeld haben, bzw. die Regierungen, Branchen und Lobbys aktiv und konstruktiv im Bereich des Klimaschutzes tätig werden. Gleiches gilt auch immer mehr für die Endverbraucher. Sichtbare Zeichen zu setzen, die erkenntlich machen, dass der Einzelmensch einen Beitrag zum aktiven Klimaschutz setzt, wird zum neuen Statussymbol in unserer „Greening-up“-Gesellschaft werden.

Trotz einer zunehmend globalisierten Welt bietet sich dennoch für das regional ansässige Handwerk ein großes Chancenpotenzial – wesentlich bleibt nach wie vor die Qualität der kundenorientierten Dienstleistung.

Mag. Paul Apfelthaler, designierter Geschäftsführer
1a-Installateur Marketingberatung GmbH, Wien

Der Trend zu effizienten Frühwarnsystemen

Die Theorie der Interdependenz erfährt eine Renaissance. Makrofaktoren, die Wirtschaftsräume, Staaten, unsere Gesellschaft und damit unser Leben bedrohen können, werden durch den Einsatz immer professionell werdender Frühwarnsysteme vorherzusagen versucht. Wobei gilt, dass die Abhängigkeiten zwischen Ursache und Wirkung, also die Zusammenhänge und Wechselwirkungen, nicht nur dargestellt, sondern in ihren Handlungen berücksichtigt werden. Eine monokausale Betrachtung bzw. eindimensionale Frühwarnsysteme sind obsolet. Drei Beispiele dazu:

Im Bereich der Unwetterkatastrophen-Vorhersagen werden immer mehr Katastrophenmaßnahmenpläne aktiviert, unabhängig davon, ob es sich um eine Sturm- oder Tsunami-Warnung handelt. Die Schwachstelle ist, wie die Vergangenheit gezeigt hat, weniger die Vorhersagequalität, sondern die Umsetzung von Maßnahmenplänen, insbesondere dann, wenn die Katastrophe größere bzw. sehr große Ausmaße annimmt.

Ein effizientes Katastrophenmanagement inklusive Einsatztruppen und Gerätschaften wird im Jahr 2015 rund 15 bis 20 % des heutigen Militäretats benötigen, um bei großen Katastrophen wirkungsvoll helfen zu können.

Der Druck der Öffentlichkeit wird daher in den nächsten Jahren und Jahrzehnten massiv steigen, damit ein effizientes Katastrophenmanagement mit dementsprechenden Ressourcen ausgestattet wird. Wobei gilt, dass die Dichte und die technische Intelligenz der Frühwarnsysteme weiter ausgebaut bzw. verbessert werden müssen. Ein Big Business für spezialisierte High-tech-Firmen im Bereich der effizienten Frühwarnsysteme ist vorprogrammiert.

Ähnliches gilt auch für den Gesundheitsbereich. Die Frühwarnsysteme werden insbesondere in Universitätskliniken und spezialisierten Labors, die sowohl in den militärischen Einrichtungen als auch bei Privaten installiert sind bzw. werden, dabei die Aufgabe der Erforschung der Gefahren von Seuchen bzw. neuen Krankheiten haben. Im Falle der Diagnose X, dass beispielsweise Malaria in Europa eingeschleppt wird bzw. wurde, wird ein Megabeschaffungsprogramm von Medikamenten bzw. Impfstoffen gestartet, wissentlich auch, dass diese Präparate einer Haltbarkeitsdauer unterliegen und im Extremfall ungenützterweise entsorgt werden müssen. Reiche Volkswirtschaften, und dazu zählt die Europäische Union, werden solche Präventivmaßnahmen in Zukunft öfter setzen müssen, Sonderbudgets werden dafür notwendig sein. Voraussetzung dafür ist jedoch ein effizientes Frühwarnsystem.

Die Prävention auf Basis von leistungsfähigen Frühwarnsystemen wird in den nächsten Jahren und Jahrzehnten nicht nur signifikant an Bedeutung gewinnen, sondern auch zu einem beachtlichen Wirtschaftsfaktor aufsteigen. Forschungs- und Entwicklungsexperten, spezialisierte Wissenschafter, Sicherheits- und Spezialeinheiten, Teile der Pharmaindustrie, Ärzte und Apotheker etc. werden ökonomisch in Entzücken versetzt, zumal die diesbezüglichen Budgets kurzfristig freigemacht werden müssen und zusätzlich die beteiligten Expertengruppen im Mittelpunkt des öffentlichen Lebens stehen werden.

Frühwarnsysteme und deren Prognosen inklusive der davon abgeleiteten Maßnahmen werden aber zum Teil unser alltägliches Leben auch massiv beschneiden. Neue Terrorwarnungen werden nicht nur längere Wartezeiten auf Flughäfen und Bahnhöfen bzw. öffentlichen Plätzen nach sich ziehen, sondern auch schmerzliche volkswirtschaftliche Schäden durch erhöhte Warte- und Sicherheitscheckzeiten bzw. Kosten, die die wirtschaftliche Produktivität einer Region, eines Landes betreffen, verursachen. Eine neue gesellschaftspolitische Auffassung wächst heran, dass Frühwarnsysteme, die dem Schutze unseres Lebens dienen, auch für den Fall, dass Fehlprognosen gemacht werden, besser und erstrebenswerter sind, als so brisanten und gefährlichen Entwicklungen hilflos ausgesetzt zu sein.

Bis 2015 wird eine neue Wirtschaftssparte heranwachsen, die da heißt: „High professionell forecast systems". Ein Unternehmen, das sich zum erlesenen Kreis dieser Prognosesystemarbeit zählen kann, wird eine hohe Reputation und Anerkennung in der Öffentlichkeit ernten.

Der Trend zur neuen sozialen Wärme

Wesentliche Auslöser für diesen Trend sind die dramatischen Folgen des Klimawandels, die Gesellschaft der 100-Jährigen und eine neue Leichtigkeit, die die Lebenskultur und -qualität in der EU durch das freundliche Wirtschaftswachstum bis 2012 prägen werden.

Aufgrund der zu erwartenden signifikanten Zunahme von Unwetterkatastrophen auch innerhalb der Europäischen Union, wo es beispielsweise jährliche Steigerungsraten von 10 % bei Stürmen und Orkanen geben wird, wird nicht nur mehr denn je gegenseitige Gratisnachbarschaftshilfe, sondern auch vermehrtes privates Sponsoring und Spendenzahlungen geleistet. Voraussetzung dafür ist, dass die beabsichtigte Hilfe in der Region bleibt und auch nachvollziehbar ist.

Dieser Trend wird sich auch im Wesentlichen auf die gesamte Wirtschaft übertragen. Bereits heute gibt es dafür frühe Signale.

So wird der Trend zur sozialen Wärme mit neuen Sponsorleistungen, die mit dem Kauf eines Produktes verknüpft sind, eine neue Attraktivität und vor allen Dingen Reputation erfahren. Ein Pionier der jüngsten Zeit dieser Sponsoringphilosophie ist die Krombacher Brauerei in Deutschland. Pro verkaufter Bierflasche wurde jeweils ein Cent für Wohltätigkeitsorganisationen zurückgestellt. Das Einzigartige an dieser Sponsoringpromotionidee, die eine soziale Wärme vermittelt, ist, dass die Käufer bzw. Konsumenten via Internet mitbestimmen konnten, welche Wohltätigkeitsorganisationen die Spendengelder von der Brauerei bekommen sollen.

Ein anderes Beispiel dazu ist American Express. Laut Trendletter wird hier die Markteinführung einer sogenannten Red Card vorbereitet. Ziel ist es, dass pro getätigtem Umsatz, der mit der American Express Card gemacht wird, ein bestimmter Geldbetrag für die Aidshilfe zurückgestellt und auch überwiesen wird.

In Österreich hat der öffentlich rechtliche Radiosender Ö3 das Team Österreich ins Leben gerufen, das innerhalb weniger Wochen bereits mehr als 20.000 Mitglieder verzeichnete. Die Kernidee des Teams Österreich ist die, dass im Falle einer Katastrophe auf zusätzliches Personal zurückgegriffen werden kann, das kostenlos und auf Abruf für Hilfeleistungen zur Verfügung steht. Jedes Mitglied erhält über das Rote Kreuz eine Einschulung, die dezentral in den größten Städten und Gemeinden in ganz Österreich erfolgt. Verständigt über die Einsatznotwendigkeit werden die Ö3-Helfer des Teams Österreich via Handy, SMS und natürlich über den Radiosender. Auch diese Umsetzungsidee ist ein weiterer Mosaikstein, der den Trend zur neuen sozialen Wärme unter Beweis stellt.

Soziale Wärme wird aber auch in der 60-Plus-Generation greifen. Nicht nur in der Altenpflege, sondern auch bei sozialen Härten des Lebens wird eine neue Solidarität entwickelt. Zum einen werden Einkäufe, wichtige Besorgungen mehr denn je im sozialen Netzwerk der 60-Plus-Generation untereinander erledigt werden, zum anderen werden aber auch Nachbarschaftsdienste jüngerer Generationen Menschen, die unverschuldet von sozialen Härten getroffen wurden, unterstützen.

Im Bereich der 60-Plus-Generation wird der Gesetzgeber in diesem Zusammenhang neue finanzielle Anerkennungssysteme für eine qualitative Nachbarschaftshilfe entwickeln. All jene Senioren, die beispielsweise einen Beitrag für pflegebedürftige Menschen innerhalb ihrer Region leisten, könnten in einem Zukunftsmodell eine kleine Aufwandspauschale im Wert von etwa 200 Euro steuerfrei erhalten. Voraussetzung dafür ist die Erbringung eines Nachweises, dass diese Leistungen bzw. Unterstützungen in der Altenpflege auch tatsächlich erbracht werden. Eine relativ unbürokratische Abwicklung bzw. Auszahlung werden sich die reichen Volkswirtschaften in Europa dazu leisten. Hinzu kommt, dass ehrenamtliche Leistungen davon nicht kanibalisiert werden, sondern diese zusätzlich positiv unterstützt und gefördert werden, da sie von einer breiten Öffentlichkeit besonders wertgeschätzt und anerkannt werden.

Zusammenfassend gilt, dass die Öffentlichkeit Unternehmen bzw. Organisationen in Zukunft unbarmherzig auf den ethischen Prüfstand stellen wird, insbesondere Konzerne. Die Fragestellung fokussiert sich im Wesentlichen darauf: Leistet ein Konzern, ein Unternehmen bzw. eine Organisation einen wertvollen Beitrag in der Gesellschaft, um den Trend zur sozialen Wärme zu erfüllen? Ein reiner Produkt- bzw. Dienstleistungsverkauf wird künftig zu wenig sein. Soziale Wärme, Menschlichkeit und materielle bzw. immaterielle kreative Beiträge werden unsere Wirtschaft und Gesellschaft verändern.

Gelebtes Beziehungmanagement wird zukünftig noch stärker die Prosperität eines Unternehmens bestimmen.

Nicht nur die Kundenbeziehung gewinnt immer mehr an Bedeutung, sondern vielmehr auch die Betonung der Unternehmenskultur – denn nur zufriedene und motivierte Mitarbeiter schaffen auch zufriedene Kundenbeziehungen!

KR Günter Friedl, Generaldirektor der HDI-Gerling Financial Services GmbH, Wien

Der Trend zum weltweiten Kampf um knappe Rohstoffe und Energie bis 2015

★ Der Trend zu den explodierenden Energiepreisen setzt sich fort!

★ Der Trend zu weltweit knappen und teurer werdenden Rohstoffen

★ Der Trend zur Miniaturisierung und zum Dematerialismus

★ Der Trend zur internationalen Rohstoffkontingentierung

★ Der Trend zur Renaissance der Nachhaltigkeit

Der Trend zu den explodierenden Energiepreisen setzt sich fort!

Das Institut für Marketing und Trendanalysen prognostiziert für 2015 einen Barrel-Erdölpreis von 175 bis 200 Dollar.

Im Dezember 1998 hatte ein Barrel Erdöl der Sorte Brendt 10 Dollar gekostet, im April 2002 20 Dollar. Im September 2007 lag der Spitzenwert bei 82 Dollar pro Barrel. Aufgrund des enormen Energiehungers und -durstes, der insbesondere aus dem asiatischen Raum kommt, wird 2010 ein Barrel Erdöl rund 100 Dollar kosten. Daher wird im Jahr 2010 ein Liter Superbenzin an den deutschen Zapfsäulen 2 Euro, im Jahr 2015 etwa 3 Euro kosten. Nachdem nicht nur Treibstoff, sondern auch Heizöl und Erdgas von dieser signifikanten Preiserhöhung betroffen sein werden, werden die energieverbrauchsintensive Industrie, 4-Stern- und 5-Stern-Hotels, die eine Wellnessanlage betreiben, Einfamilienhäuser mit großzügiger Fläche und Infrastruktur, Bürogebäude und Objektbauten sowie der gesamte Logistikbereich durch die explodierenden Energiepreise vor eminente Herausforderungen gestellt. Eine Gegenstrategie zu den explodierenden Energiekosten muss jeder Staat, jedes Unternehmen, aber auch jeder private Haushalt entwickeln.

Bis 2015 wird beispielsweise die 4- und 5-Stern-Hotelkategorie weniger das Problem haben, Gäste zu finden, die die Auslastung gewährleisten, sondern das Kostenpaket beim Betrieb der Wellnessoasen und im Bereich der Heizung und Kühlung in den Griff zu bekommen. Gleiches gilt natürlich auch für energieintensive Industrien wie Aluminium- und Stahlhersteller oder Ziegelproduzenten, um nur drei Beispiele zu nennen. Auch Shopping-Malls und Supermärkte werden von der Heizung und Beleuchtung bis zur Kühlung neue Energieeinsparpotenziale entwickeln müssen. Der CEO-Manager von Philips rechnet vor, dass 19 % des weltweiten Stromverbrauchs für die Erzeugung von Licht benötigt werden. Der Ersatz von klassischen Glühlampen durch Energiesparlampen der neuen Generation würde eine jährliche Einsparung von 106 Mrd. Euro an Stromkosten bedeuten. Diese wertmäßige Betrachtung würde einer 550-Millionen-Tonnen-CO_2-Emissionsreduzierung entsprechen oder 1,5 Mrd. Barrel Erdöl.

Die Politstrategen der Europäischen Union haben in der ersten Jahreshälfte 2007 sehr klug auf diese bedrohliche Entwicklung reagiert. Unter Führung der deutschen Kanzlerin Angela Merkel wurde europaweit beschlossen, dass der Anteil der erneuerbaren Energien bis 2020 verdreifacht werden soll. Diese 300%ige Steigerungsrate entspricht einer jährlichen Wachstumsquote von mehr als 20 %, die gesetzlich vorgeschrieben wurde. Zusätzlich wird die Wirtschaft diese boomenden Märkte bewerben und eine neue Marketingoffensive dazu starten. Die Europäer sind im Bereich der erneuerbaren Energien derzeit weltweit führend und versuchen, über das Forcieren der „renewable energy" aus der Abhängigkeit und damit auch aus der Kostenfalle der nicht erneuerbaren Energieträger zu entkommen.

Hinzu kommt, dass der Druck der Öffentlichkeit auf die Politik wegen der vom Menschen verursachten Folgen des Klimawandels, der ein Mitgrund für die explodierenden Energiepreise ist, weiter zunehmen wird. Ziel ist es, von der breiten Öffentlichkeit eine politische Exitstrategie einzufordern, die dazu beiträgt, zum einen die sehr schmerzlichen und bedrohlichen Folgen des Klimawandels zu reparieren und zum anderen die Kostenfalle, die aus den explodierenden Energiepreisen sowohl für Firmen als auch für Endverbraucher entsteht, in den Griff zu bekommen.

All jene, die Energie aus Atomkraftreaktoren als Alternative zu bestehenden Energieträgern sehen, sei gesagt, dass laut Forschung der Münchner Rückversicherung statistisch seit einigen Monaten ein

weiterer Super-GAU in einem der weltweit bestehenden Atomkraftwerke überfällig ist.

Die Münchner Rück geht davon aus, dass alle 20 Jahre, Bezug nehmend auf den derzeitigen Stand der Atomkraftwerke, die es weltweit gibt, ein Super-GAU passiert. Rückblickend haben die Statistiker der Münchner Rück Recht behalten. Vor rund 40 Jahren passierte der Super-GAU in Three-Miles-Island, vor rund 20 Jahren in Tschernobyl. Die Pannenserie in deutschen, schwedischen und japanischen AKWs ist ein stilles Signal und ein ernst zu nehmender Vorbote für die nächste Katastrophe. In den demokratisch geführten Staaten der Welt wird nach dem dritten Super-GAU die Atomkraft zum Auslaufmodell. Die Österreicher, die ein funktionierendes Atomkraftwerk in Zwentendorf bei Wien haben, dieses aber nie in Betrieb genommen haben, sind in diesem Zusammenhang ebenso Trendsetter für den Anti-AKW-Weg wie die Deutschen, die ein Ausstiegsszenario unter der vorangegangenen rot-grünen Regierung beschlossen haben.

Nicht demokratisch geführte Staaten, wie z. B. Russland oder China, werden weiter massiv auf den Ausbau der Atomkraft setzen. Solange die Gefahren, die mit AKWs verbunden sind, wobei sich der Bogen hier von Terroranschlägen bis hin zur noch nicht gelösten Frage der Entsorgung des radioaktiven Mülls spannt, nicht gebannt sind, ist das Setzen auf Atomkraft verantwortungslos für die Menschen von heute sowie für die nachfolgenden Generationen. Diese Technik widerspricht auch dem Trend zur Nachhaltigkeit.

Ähnlich wie die Japaner in den 70er- und 80er-Jahren den Weltmarktführeranspruch bei Fotoapparaten und Kopierern definiert haben, was ihnen auch nachweislich gelungen ist, hat die Europäische Union die riesige Chance, im Bereich der erneuerbaren Energien zum Weltmarktführer aufzusteigen. Wie bereits eingangs erwähnt, hat insbesondere durch die Leistungskraft der deutschen Volkswirtschaft

Europa hier exzellente Karten und großartige Chancen, deren Wachstumspotenzial erst am Anfang steht. Der Markt bei erneuerbaren Energien wird eine boomende Nachfrage nicht nur in Europa, sondern weltweit konstatieren.

Hören Sie auf, perfekt zu sein! Machen Sie stattdessen lieber alles richtig.

Andrea Kreinecker, Dragonerbau im Schlosspark, Langenselbold

Der Trend zu weltweit knappen und teurer werdenden Rohstoffen

Auch hier gilt, Bezug nehmend auf den noch nie dagewesenen Rohstoffhunger und -durst des asiatischen Raums, allen voran Chinas und Indiens, dass die Rohstoffnachfrage weltweit explodieren wird. Ein neues Paradoxon wird die Wirtschaft insbesondere in Produktions-, Handels- und Handwerksbetrieben phasenweise prägen, das da heißt: Auch sehr leistungsfähige und renommierte Unternehmen und Branchen werden wochenlang nicht produzieren bzw. handeln oder montieren können, da entweder zum einen der benötigte Rohstoff am Weltmarkt leergekauft wurde oder zum anderen der elektrische Strom bzw. die Energie fehlt.

Aufgrund der Energieverknappung werden Zwangsabschaltungen bei Strom, insbesondere im asiatischen Raum, zur Normalität. Davon werden zunehmend auch Industriebetriebe in der EU und den USA betroffen sein, da Zulieferkomponenten aufgrund der Rohstoff- und Energieverknappung immer öfters ausbleiben bzw. verspätet eintreffen werden. Oder anders gesagt: Das Paradoxon, auf der einen Seite volle Auftragsbücher zu haben und auf der anderen Seite keine Umsätze und Profits erwirtschaften zu können, da sowohl Rohstoffe als auch Energie für die Herstellung bestimmter Produkte nicht verfügbar sind, wird häufiger und schmerzlicher auftreten als bisher.

Der Trend zu stark steigenden Rohstoffpreisen

Die Preise von nicht erneuerbaren Rohstoffen wie z. B. Gold, Platin, Kupfer, Messing, Aluminium, Eisenerz, Öl, Gas etc. werden bis 2015 jährlich im Durchschnitt um 10 % steigen. Bei erneuerbaren Rohstoffen, wie z. B. nachwachsenden Pflanzen bzw. Holz, wird sich die Preissteigerung jährlich bei etwa 5 bis 7 % einpendeln. Gleiches gilt für landwirtschaftliche Rohstoffe zur Lebensmittelproduktion. Milch, Getreide und Fleisch werden zu internationalen und regionalen Engpassprodukten. Die Folge sind höhere Preise auch bei den Verarbeitungsprodukten wie Brot und Gebäck, Quark, Butter, Bier und Cerealien um jährlich rund 10 %. Aufgrund der signifikanten Umstellung in der Landwirtschaft von der Milchwirtschaft auf die Mutterkuhhaltung und der international boomenden Nachfrage nach Milchprodukten werden die klassische Milchwirtschaft und die Almwirtschaft im nächsten Jahrzehnt erfreulich hohe Preise generieren können. Von den fünf größten Aufsteigern im internationalen Ernährungsmarkt brauchen drei Produktgruppen Milch als Rohstoff.

1. Trinkjoghurt
2. Frischer Fisch/Meeresfrüchte
3. Frische Salate
4. Babyfertigmilch
5. Drinks auf Milchbasis

Basis: Jede Kategorie macht über 1 Mrd. Dollar Jahresumsatz weltweit.

Aufgrund der Umschichtung von großen Anbaukulturflächen im Agrarbereich – so wird Getreide verstärkt durch nachwachsende Energiepflanzen ersetzt –, aber auch durch das häufiger und intensiver werdende Auftreten von Dürren, Überschwemmungen, Stürmen und anderen Wetterkapriolen, wodurch jährlich große Erntemengen weltweit vernichtet werden, muss man auch in dieser Landwirtschaftsbranche, die im Wesentlichen Getreide, Salate, Gemüse und Obst umfasst, mit kontinuierlichen Preissteigerungen rechnen. Bedenkt man, dass 2015 rund 6 Mrd. Menschen auf unserem Globus leben und 2030 es etwa 11 Mrd. sein werden, wird die Produktion und Beschaffung von Rohstoffen und Energie zu einem dominierenden Thema werden.

International betrachtet werden im Ernährungsbereich die Verknappung von Fisch und Meeresfrüchten sowie Trinkwasser den Mega-Trend Rohstoffengpass in eine zum Teil dramatische Aktualität führen.

Die Bevölkerung der EU wird erstmals seit 1945 aufgrund dieser Entwicklung die Erfahrung machen, dass Essen und Trinken – diese Konsumausgaben waren im Haushaltsbudget in den letzten 60 Jahren kontinuierlich rückläufig – zukünftig in der Privatschatulle eine höhere Ausgabennotwendigkeit nach sich ziehen werden. Ab 2007 werden die Ausgaben für Essen und Trinken im privaten Konsum erstmals seit 1945 wieder signifikant mehr Geldmittel in Anspruch nehmen. Dies geht zu Lasten anderer Branchen. Dieser Trend setzt sich bis 2015 fort.

In diesem Szenario ist relativ leicht erkennbar, dass die Landwirtschaft ein neuer Markt mit Zukunft werden wird. Die umwelt- und agrarpolitischen Maßnahmen der einzelnen Regierungen werden zum einen Förderungsgelder für die Forcierung von nachwachsenden Rohstoffen und Energieträgern bündeln, um so der Abhängigkeit von fossilen Rohstoffen entgehen zu können. Zum anderen werden die regierenden Kräfte Brachland aus der Förderung nehmen, um die Bevölkerung ausreichend und zu erträglichen Preisen mit Lebensmitteln versorgen zu können.

Parallel dazu reagiert die Wirtschaft bereits heute sehr intelligent auf diese Entwicklung, wobei die diesbezügliche Lernkurve zusätzlich exponenziell in den nächsten Jahren ansteigen wird.

Der Trend zur Miniaturisierung und zum Dematerialismus

Die Wirtschaft wird auf den Trend zur Miniaturisierung setzen. Damit ist gemeint, dass Produktionsbetriebe den Einsatz von Rohstoffen reduzieren werden bei gleichzeitiger Erhöhung der Leistung bzw. Qualität der Produkte. Zwei Beispiele dazu: Vergleicht man das klassische Joghurt, das im Lebensmittelhandel im 250-g-Becher verkauft wird, so wird dieses Produkt als Milchdrink inklusive Wellness- bzw. Gesundheitsversprechen in deutlich kleineren Verpackungsinhalten signifikant teurer angeboten. Denken Sie hier an die Kühlvitrine in Ihrem Supermarkt und an Beispiele wie Actimel von Danone oder Nestle-Produkte, die zu den Trendsettern zählen.

Das zweite Beispiel führt uns von der Ernährung zur Verpackung. In den letzten 10 Jahren ist es unter anderem gelungen, beim Produkt Frischhaltefolie den Rohstoffeinsatz um 50 % zu reduzieren bei gleichzeitiger Erhöhung der Reißfestigkeit und der Anwenderfreundlichkeit um 100 %. Der Rohstoff dazu ist Erdöl. Durch die Miniaturisierung konnte beim Rohstoffeinsatz hier signifikant gespart werden.

Neben dem Trend zur Miniaturisierung wird die Spitze der zukünftigen Entwicklung der Trend zum Dematerialismus sein. Damit ist gemeint, dass in Zukunft bestimmte Teilkomponenten eines Produktes aufgrund einer neuen Intelligenz der Geräte zur Gänze entfallen. Auch dazu ein Beispiel: Waren wir es bisher gewohnt, einen Laptop oder Computer mit Tastatur zu kaufen, so werden im Jahr 2012 mehrheitlich die neuen Computer ohne Tastatur auskommen. Die neue Technologie der zurufgesteuerten Computer macht dies möglich. Bedenkt man, dass bei einer weltweiten Produktion von 300 Mio. Computern pro Jahr der Rohstoffeinsatz für ebenso viele Tastaturen entfällt, ist es relativ leicht nachvollziehbar, dass durch eine neue Intelligenz, die durch neue Produktgenerationen entsteht, die Abhängigkeit von Rohstoffen reduziert werden kann.

Die Spitze dazu wird aber die Nanotechnologie stellen, die zusätzliche Chancen, den Rohstoffeinsatz in der Produktion zu minimieren, eröffnen wird, wenngleich wesentliche Erfolge aus dieser neuen Wissenschaft erst ab 2020 für die Praxis ableitbar sein werden.

Erst wenn die Mitarbeiter die Kontinuität der Veränderung tragen, ist ein Unternehmen reif für nachhaltigen Erfolg!

Hans-Jürgen Federschmid, Geschäftsführender Gesellschafter
adpl-solutions Druckdenker GmbH, Wels

Der Trend zur internationalen Rohstoffkontingentierung

International wird es aufgrund der globalen Rohstoffverknappung um 2015 zu einer bisher unbekannten Rohstoffkontingentierung kommen.

All jene Staaten, die in Wirtschaftsräumen organisiert sind, werden eher und zu verkraftbaren Einkaufspreisen das knappe Gut Rohstoff am Weltmarkt in Form eines Jahreskontingentes beziehen können, als jene Länder bzw. Kontinente, die keinem organisierten Wirtschaftsraum angehören.

Der Trend zur Vier-Viertel-Kontingentierung von Rohstoffen wird die Weltwirtschaft ab 2015 verändern. Damit ist gemeint, dass die drei großen Wirtschaftsräume EU und Russland, die NAFTA, also die USA, Kanada und Mexiko, und ASIA mit China plus Indien drei Viertel der weltweit verfügbaren Rohstoffe per Kontingent über international langfristige Rahmenverträge erhalten. Das vierte Viertel der verfügbaren Rohstoffe wird am freien Spotmarkt gehandelt und verkauft werden. Aus diesen verbleibenden Rohstoffmengen werden sich die Staaten bedienen müssen, die in keinem Wirtschaftsraum organisiert sind, oder jene Länder, die einen höheren Bedarf haben, als die Kontingente verfügbar machen. Für alle Bezieher, die sich am freien Rohstoffmarkt bedienen müssen, gilt, dass dies die teuerste Bezugsquelle von Rohstoffen darstellen wird.

Der Verteilungschlüssel der Rohstoffkontingente innerhalb der EU wird seitens Brüssel über einen Mix von Kennziffern festgelegt werden. Die Bevölkerungsanzahl des jeweiligen EU-Staates wird ebenso Kriterium für den Verteilungsschlüssel sein wie das Bruttoinlandsprodukt, die volkswirtschaftlichen Spezifikas in Produktion, Dienstleistung und Landwirtschaft etc.

Verlierer in diesem Umfeld der weltweiten Rohstoffverknappung werden große Teile Südamerikas und Afrikas sowie Australien und die armen Länder wie beispielsweise Bangladesch sein. Die Macht und der Einfluss dieser Staaten ist im internationalen Wettkampf um den Engpassfaktor Rohstoff einfach zu gering, um hier als Global Player aufzutreten.

Die Schweiz wird insbesondere aufgrund des Trends zur weltweiten Rohstoffverknappung ihre Haltung zur Europäischen Union neu überdenken. Spätestens 2020 wird das Land der Präzisionsuhren und der weltweit geschätzten Schokolade der Europäischen Union beigetreten sein. Die Regierungen der Wirtschaftsräume werden als zusätzliche Gegenstrategie zur Rohstoffverknappung vorhandene Recyclingquoten pro Land gesetzlich weiter anheben bzw. neue schaffen.

Österreich, das innerhalb der Europäischen Union in nahezu allen Bereichen die besten Recyclingwerte verzeichnet, kann im zukünftigen boomenden Recyclingmarkt neue und hervorragende Geschäftschancen mit seinen spezialisierten Unternehmen auf den globalen Märkten erschließen.

Der Trend zur Renaissance der Nachhaltigkeit

Die Wegwerfgesellschaft der letzten Jahrzehnte ist ein Auslaufmodell. Die Menschen wollen und müssen aufgrund der dramatischen Folgen des Klimawandels, der knapper und teurer werdenden Rohstoffe sowie der explodierenden Energiepreise wieder verstärkt zum natürlichen Kreislauf zurückkehren.

Wobei hier eine differenzierte Betrachtungsweise der auslaufenden Wegwerfgesellschaft von Bedeutung ist. Produkte, die einen sehr geringen Rohstoffeinsatz haben, oder jene, die aus hygienischen Gründen nur einer Einfachverwendung zugeführt werden können, wie z. B. medizinische Instrumente, werden weiter als Einwegprodukte verwendet. All jene Produkte, die jedoch einen hohen Rohstoff- oder Energieeinsatz haben, werden mehr denn je wieder repariert, um die Lebensdauer zu verlängern, oder recycelt. Staaten und Unternehmen, die dem Trend zur Nachhaltigkeit und zum Recycling nicht oder kaum entsprechen, werden von der breiten Öffentlichkeit, den Medien und den Kunden negativ sanktioniert.

Aufgrund des Trends zur Nachhaltigkeit werden drei Branchen aus ihrem bisherigen Schattendasein heraustreten und in ein attraktives Scheinwerferlicht gerückt werden. Einmal werden die innovativen Handwerksbetriebe den bekannt goldenen Boden wieder neu betreten können. Handwerksbetriebe, die mit intelligenten Reparaturen bzw. High-tech-Renovierungen und -Sanierungen Energie und Rohstoffe sparen helfen, werden von der breiten Öffentlichkeit wieder sehr geschätzt werden. Das Handwerk wird aufgrund der boomenden Nachfrage zum größten Arbeitgeber in der EU bis 2015 heranwachsen.

Einen ähnlich positiven Wachstumsschub wird die Landwirtschaft vollziehen. Der Landwirt als verlässlicher und kompetenter Energielieferant, die Agrarier, die trotz Dürre und Hochwässer die Lebensmittelrohstoffsicherheit gewährleisten, die Bauern, die die Blaulichtorganisationen mit ihrer Gerätschaft und Dienstleistung im Katastropheneinsatz unterstützen, wachsen wieder zum hoch geschätzten Gesellschaftsmitglied heran. Die dritte Branche, die aus dem Schattendasein heraustreten wird, ist die Recycling- und die intelligente Abfallwirtschaftsverarbeitung.

Diese drei Branchen werden durch den Trend zur Nachhaltigkeit ein Big Business vorfinden. Pseudo-Nachhaltigkeits-, Produkt- und Dienstleistungsversprechen werden von den Menschen massiv abgelehnt. All jene Firmen, die sich dem Trend zur Nachhaltigkeit verweigern, gelten als „bad boys", die unsere Lebensqualität nicht nur belasten, sondern auch gefährden.

Ziel sollte es daher für jedes Unternehmen sein, bestmögliche Zeichen zu setzen, die erkennen lassen, dass man den Trend zur Nachhaltigkeit ernst nimmt und auch konkrete Maßnahmen, die sichtbar sind, dazu setzt.

Wer nur an alten Gewohnheiten festhält, wird nie neue Ziele erreichen können!

Erich Ramsl, Geschäftsführer der Ramsl • Steinbacher • Attersee Werbeagentur GesmbH & Co, Seewalchen

Der Trend zur Entwicklung eines 100-Jahre-Lebensdesigns

Die Menschen, die im Jahr 2020 geboren werden, werden im Durchschnitt 100 Jahre alt. 2015 werden in Deutschland rund 40.000 Menschen leben, die 100 Jahre oder älter sind, in Österreich und der Schweiz werden es je 3.000 sein.

Aufgrund der stetig wachsenden Lebenserwartung beginnen die Menschen vermehrt strategisch ihr Leben zu überdenken und Meilensteine bzw. Lebensphasen bewusster zu planen. Ein wesentliches Ergebnis dazu ist der Trend zum 100-Jahre-Lebensdesign.

Fakt ist, dass Bezug nehmend auf den Trend zur 100-jährigen Gesellschaft die Menschen tendenziell selbst- und verantwortungsbewusster werden. 75 % der Deutschen, Österreicher, Schweizer und Südtiroler haben die Bereitschaft, mehr Eigenverantwortung und auch Engagement in der Kommune, Region bzw. in Teilbereichen der Gesellschaft zu übernehmen.

Ebenso wird die aktive Nachbarschaftshilfe, wo älteren bzw. pflegebedürftigen Menschen vor Ort geholfen wird, eine Renaissance erfahren.

Die Menschen, die 100 Jahre oder älter werden – biologisch liegt heute die mögliche Lebenserwartungsgrenze bei 130 Jahren, – beginnen ihr Leben in sechs unterschiedlichen Phasen zu erfahren und in weiterer Folge auch zu planen.

Die 6 Phasen im 100-Jahre-Lebensdesign vom Institut für Marketing und Trendanalysen

Phase 1 **Die Intensiv-Lern- und Ausbildungsphase**	0 – 18 Jahre	Die Lern- und Ausbildungs-Intensiv-Phase von der Geburt bis zur Grundausbildung in Schule bzw. Lehre bestimmt diesen Abschnitt.
Phase 2 **Die Job-Settle-Phase**	18 – 30 Jahre	Die Job-Settle-Phase inklusive Feinausbildung prägt das Leben. Die jugendliche Sturm-, Drang-, Erlebnis- und Experimentierphase bereichert diesen Lebensabschnitt.
Phase 3 **Die Nestbau-Phase**	30 – 50 Jahre	Nestbau- und Nestpflege, Familie- und Partnerschaftsintensivphase prägen diesen Lebensabschnitt.
Phase 4 **Die Neustart- & Genussphase**	50 – 65 Jahre	Die Neustart-Lebensphase mit ausgeprägter Genussorientierung und Unabhängigkeitsstreben stellt die Individualinteressen des reifer gewordenen Menschen in den Mittelpunkt.
Phase 5 **Die letzten Meilensteine**	65 – 78 Jahre	Eine bewusste Vorbereitung auf das Altern erfolgt. Ein selektives Genießen des Lebens, die letzten großen Urlaubsreisen werden vollzogen, die letzte große Investitionsphase, die den Lebensabend verschönern bzw. praktikabel machen soll, sind die Meilensteine in diesem Lebensabschnitt.
Phase 6 **Die Kokon-Phase**	78 – 100 Jahre	Ein kontinuierliches Zurückziehen aus dem öffentlichen Leben ist angesagt. Einsamkeit wird durch Kontakt mit der 75-Plus-Generation und durch Brain-Body-Soul-Trainings zuhause zu lindern versucht.

Kommentar zum 6-Phasen-Modell im 100-Jahre-Lebensdesign vom Institut für Marketing und Trendanalysen

Fakt ist, dass die Menschen, die zu Beginn des 20. Jahrhunderts geboren worden sind, im Durchschnitt 42 Jahre alt wurden. Im Konkreten wurden Männer, die im Jahr 1900 in Österreich geboren wurden, im Durchschnitt 40,6 Jahre, Frauen hingegen 43,4 Jahre alt. Bei genauerer Betrachtung lässt sich somit erkennen, dass sich innerhalb von 100 Jahren die Lebenserwartung der Menschen in Westeuropa nahezu verdoppelt hat, nämlich auf rund 83 Jahre. Aus dieser Langzeitbetrachtung heraus überrascht es nicht wirklich, dass sich unsere Gesellschaft heute auf den Trend zu den 100-Jährigen vorbereiten muss.

Dass dieses erfreuliche Phänomen nur für hoch entwickelte Volkswirtschaften gilt, zeigt ein Blick in die russische Statistik. Die Lebenserwartung von russischen Männern liegt heute im Durchschnitt bei 55 Jahren. Dies allein auf den weltweit höchsten Pro-Kopf-Verbrauch von Wodka zurückzuführen, wäre ein Irrtum. Bedenkt man jedoch, wie die zum Teil verheerenden Arbeitsbedingungen im Bergbau bzw. in Kohlegruben, in der Industrie etc. die Gesundheit der russischen Arbeitnehmer in Mitleidenschaft ziehen bzw. berücksichtigt man die zum Teil sehr bescheidenen privaten Lebensbedingungen, so ist diese aus heutiger Sicht sehr kurze Lebenserwartung nachvollziehbar.

Aus dem 6-Phasen-Modell der 100-Jährigen kann man soziologisch betrachtet eine hochinteressante Erkenntnis ableiten. Die Menschen, die zu Beginn des 20. Jahrhunderts geboren wurden, haben eine Ehe bzw. Partnerschaft durchschnittlich maximal 25 Jahre geführt. Die Menschen im 21. Jahrhundert, die beispielsweise mit 30 Jahren heiraten, würden somit eine Partnerschaftsdauer von rund 70 Jahren erleben dürfen bzw. müssen.

Die hohe Scheidungsquote von rund 50 %, die aufgrund der hohen Lebenserwartung weiter ansteigen wird, ist ein Indiz dafür, dass neben dem Wertewandel, den es nachweislich gibt, soziologische und psychologische Trainings bzw. Lehren fehlen, die die Menschen auf ein 70-jähriges partnerschaftliches Zusammenleben vorbereiten bzw. dabei begleiten.

Ob sich ein Staat eine Gesellschaft von 100-Jährigen finanziell überhaupt leisten kann, ist in diesem Zusammenhang eine weitere legitime und brisante Fragestellung. Die Tatsache, dass ein Mensch nur in einem Drittel seiner Lebenszeit aktiv finanzielle Beiträge in die Pensions- und Krankenversicherungskassen etc. einzahlt und in zwei Dritteln – ökonomisch ausgedrückt – Kosten verursacht, lässt manche Politiker und Volkswirte verständlicherweise vor Schreck erstarren.

Sicher ist, dass mit den entsprechenden strategischen Weichenstellungen seitens der Politik und der Wirtschaft die grundsätzlich sehr erfreuliche hohe Lebenserwartung volkswirtschaftlich finanzierbar ist und bleibt. Voraussetzung dafür ist, dass im Wesentlichen die fünf nachfolgenden Meilensteine berücksichtigt werden.

Meilenstein Nummer eins heißt, die aktive Arbeitszeit des Einzelnen langfristig bis auf ein Alter von 75 Jahren auszudehnen. Wobei im Alter zwischen 65 und 75 Jahren neue Kombilohn- bzw. Altersteilzeit-Modelle zu entwickeln und einzuführen sind.

Der zweite Meilenstein ist die Forcierung einer qualifizierten Migration, damit die Bevölkerungspyramide verjüngt wird bzw. jung bleibt und ein stetiges Bevölkerungswachstum gesichert ist.

Der dritte substanzielle Faktor ist der, dass Kinder in den reichen Volkswirtschaften nicht mehr zur Armutsfalle werden dürfen, sondern eigener Nachwuchs durch großzügige finanzielle Unterstützungen gefördert werden muss.

Der vierte Meilenstein ist, den Trend zur Do-it-yourself-Gesundheitskultur auch durch politische Rahmenbedingungen und Maßnahmen zu stärken.

Der fünfte Eckpfeiler stellt die Notwendigkeit und Bereitschaft des Einzelnen dar, mehr Eigenverantwortung und auch Free-of-Charge-Beiträge für die alternde Gesellschaft, insbesondere in der 75-Plus-Generation, zu leisten.

Diese fünf Meilensteine und das 6-Phasen-Modell werden im Jahr 2050 insofern überarbeitungsbedüftig sein, da die Menschen, die in der Mitte des 21. Jahrhunderts geboren werden, im Durchschnitt 130 Jahre alt werden.

Mehr als die Vergangenheit interessiert uns die Zukunft, denn in ihr gedenken wir zu leben. Dafür arbeiten wir gerne!

Friedrich Zecher, Betriebsratsvorsitzender Arbeiter / Work Council,
Kremsmüller Industrieanlagenbau KG, Steinhaus

Der Trend zur Do-it-yourself-Gesundheitskultur stellt das Gesundheitswesen auf den Kopf!

Ähnlich wie im letzten Jahrzehnt zu beobachten war, dass Glaube und Religion immer mehr zur Privatsache wurden, beginnt dieses Phänomen nun auch im Gesundheitsbereich zu greifen. Gesundheit wird immer mehr zur Privatangelegenheit, die Menschen werden tendenziell ihre eigenen „Gesundheitsmanager". Folgende Entwicklungen sind dafür verantwortlich:

Der Staat wird sich substanziell vom Gesundheitswesen zurückziehen. Eine für alle gleiche Grundversorgungssicherheit, die einkommensunabhängig ist, bleibt in Europa Standard. Alle Zusatzleistungen werden zukünftig jedoch extra zu bezahlen sein. Diese werden aber nur dann von den Privatversicherern gewährt und auch bezahlt werden, wenn ein vertraglich vereinbartes Gesundheitsmonitoring vom Versicherten gemacht und im Rahmen der Vertragsdauer auch eingehalten wird.

Die Ausgaben für Gesundheit, die heute etwa 12 % des Einkommens ausmachen, werden sich bis 2015 auf etwa 15 %, im Jahr 2020 auf ca. 20 % belaufen. Die höheren Gesundheitsausgaben werden anderen Branchen des privaten Konsums einen neuen Wettbewerbsdruck auferlegen.

Strukturell wird im Gesundheitswesen kaum ein Stein auf dem anderen bleiben. Ärzte, Apotheker, Spitäler werden sich durch den Wegfall von liebgewonnenen Rahmenbedingungen neu orientieren und positionieren müssen. Der Arzt im Jahr 2015 wird Gesundheitscoach sein oder High-tech-Spezialist. Die Menschen werden ihre Gesundheit selbst in die Hand nehmen. Den Arzt oder die Apotheke sucht man nur mehr dann auf, wenn es unbedingt nötig ist oder um seine körperliche Lebensqualität zu heben bzw. auf hohem Niveau zu pflegen.

Im Krankenhausbereich werden private Spitäler mit einem Top-Image sowie renommierte Universitätskliniken zu den Gewinnern im Verdrängungswettbewerb zählen. Bis 2015 werden von den bestehenden 2.000 Krankenhäusern in Deutschland, die es noch im Jahr 2000 gab, etwa 20 % schließen.

Die Apotheken werden branchenintern einen bisher kaum gekannten Konkurrenzdruck erfahren, da die Filialisierung ähnlich wie im Lebensmittel- und Drogeriehandel um sich greifen wird. Wesentliche Kräfte werden dabei die Pharmaindustrie und große Supermarkt- und Drogerieketten sein.

Die derzeit noch leise Revolution im Gesundheitswesen wird in den nächsten Jahren unüberhörbar werden. Hinzu kommt, dass Top-Ärzte bzw. erstklassige Spitäler durch zahlungskräftige Ausländer eine Hochblüte an Auslastung erfahren werden. Reiche Russen, Araber, Chinesen und US-Amerikaner werden die Elitespitäler und deren Infrastruktur in Europa mehr denn je nutzen. Die eigene Bevölkerung, die die Infrastruktur durch ihre Sozialversicherungsbeiträge grundfinanziert hat, wird in der Behandlung mehr denn je auf die Warteliste gesetzt werden. Diese Problemzone wird ein neues politisches Konfliktpotenzial darstellen. Fakt ist, dass ausländische Patienten die hochpreisigen Leistungen unter der Voraussetzung, dass beste Qualität geboten wird, verstärkt nützen und auch cash bezahlen werden.

Ein weiterer Trend wird den medizinischen und Gesundheitsbereich in eine Erosion führen. Die Gesundheitselite in Deutschland, Österreich, der Schweiz und Südtirol wird signifikante Abwanderungstendenzen in den nächsten Jahren verzeichnen, die eine Versorgungslücke von Top-Spezialisten nach sich ziehen wird. Bereits heute ist es in Großbritannien nachweislich so, dass durch eine massive Abwanderung von britischen Ärzten monatelange Wartezeiten bei der Gesundheitsversorgung üblich sind. Deutsche Ärzte lukrieren daraus ein interessantes Zusatzgeschäft. So fliegen zum Beispiel deutsche Allgemeinmediziner am Wochenende nach Großbritannien und bieten dort ihre ärztlichen Leistungen an. An diesen zwei Tagen werden aufgrund der Top-Leistung sehr attraktive Honorare erzielt. Am Sonntagabend oder Montag geht es dann wieder retour nach Deutschland, wo die Standard-Ordinationsarbeit stattfindet. Die Negativspitze dieser Entwicklung zeigt sich in einer immer größer werdenden Abwanderung der medizinischen Elite in Drittländer.

Strategisch bedenklich ist in diesem Zusammenhang, dass in Deutschland, in Österreich und in den Niederlanden die sehr teure Ausbildung der Mediziner „quasi kostenfrei" finanziert wird, nach Abschluss des Studiums bzw. des Praktikums jedoch die medizinische Elite immer mehr von anderen reichen volkswirtschaftlichen Staaten abgeworben wird. Diese sind primär im arabischen, russischen und US-amerikanischen Raum. Die logische Konsequenz daraus ist, dass Top-Gesundheitsexperten innerhalb der Europäischen Union mehr denn je zum Engpass werden. Eine Antwort der breiten Öffentlichkeit auf diese bedenkliche Entwicklung ist der Trend zur Do-it-yourself-Gesundheitskultur.

Der Trend zu Pro-Aging – Anti-Aging ist out!

Auch die reichsten Volkswirtschaften, wozu die Schweiz, Deutschland und Österreich zählen, können sich nur die Versorgung von maximal 5 % der 60-Plus-Generation in stationären Alten- und Pflegeheimen leisten.

Der boomende Markt wird bei der Alten- und Krankenpflege zukünftig daher nicht der stationäre, sondern der mobile Bereich sein. Im städtischen Bereich wird im Jahr 2015 ein neues Alltagsbild entstehen.

Neben den Taxis oder yellow cabs, die aus den USA bekannt sind, werden neue Servicefirmen mit einem Schild auf dem Pkw-Dach den Verkehrsalltag bereichern, das da inhaltlich lauten wird: „Mobiles Seniorenservice“. Die boomende Nachfrage in der Altenpflege in den eigenen vier Wänden wird unsere Gesellschaft substanziell prägen. Neue Markendienstleister, die Top-Pakete für die 60-Plus-Generation anbieten und die auch fernab von manch verstaubtem Image der öffentlichen Gesundheitsdienste agieren, werden ein Big Business generieren.

Die zu pflegende 60-Plus-Generation wird zuhause mehrheitlich ein Fullservice mit Luxuskomponenten haben wollen. Dafür gilt es, neue Angebotsformen mit Kreativität und Innovationskraft zu entwickeln. Tatsache ist, das 30 % der deutschen Kaufkraft die 60-Plus-Generation repräsentiert und das obwohl diese Zielgruppe nur 25 % der Bevölkerung darstellt.

Ein wesentlicher Faktor für den zukünftigen Erfolg der neuen mobilen Marken- bzw. Diskonter-Seniorenservices wird sein, das Gut Zeit, das der 60-Plus-Generation in Übermaßen zu Verfügung steht, attraktiv zu „servicen“. Ein persönliches Gespräch mit den mobilen „Senioren-Service-Engeln“ von 10 bis 15 Minuten muss bei jedem Besuch in der Kalkulation des jeweiligen Unternehmers vorgesehen werden. Gespräche, die das subjektive Einsamkeitsgefühl der älteren Menschen lindern helfen, werden ein integraler Bestandteil sein, den es gilt, im Leistungsangebot vorzusehen. Auch sinnvolle Freizeitpakete, die auf die Bedürfnisse der 60-Plus-Generation abgestimmt werden, stellen neue Geschäftschancen für die neuen mobilen Dienstleister des „At-home-Seniorenservice“ dar.

Der Trend zur Gesellschaft der 100-Jährigen

Die Gesellschaft der 100-Jährigen wird immer selbstbewusster und steht zu ihren Stärken und Schwächen. Anti-Aging-Produkte und -Dienstleistungen verlieren signifikant an Bedeutung. Die 60-Plus-Generation, Männer wie auch Frauen, bekennen sich gleichermaßen zum Altwerden. Pro-Age heißt die Devise und nicht mehr Anti-Age.

Erfolgreiche Markenhersteller präsentieren 60-jährige, 70-jährige Damen bzw. Männer auf eine sehr ästhetisch gelungene Art, die die älteren Körper, die natürlicherweise an Perfektion und jugendlicher Schönheit verloren haben, durchaus attraktiv und erstrebenswert erscheinen lassen. Das Überversprechen, das pharmazeutische bzw. kosmetische Produkte und Dienstleistungen machen, nämlich einen nahezu perfekten Körper gewährleisten zu können, ist passè und wirkt kontraproduktiv.

Fakt ist, dass die 60-Plus-Generation heute sowohl physisch als auch psychologisch jünger ist als ein 45-Jähriger vor etwa 30 Jahren.

Neueste US-Studien zeigen, dass Sex auch im hohen Alter eine nicht unbedeutende Rolle spielt. So zeigen die wissenschaftlichen Erkenntnisse, dass 70- bis 75-jährige Menschen in den USA immerhin im Durchschnitt noch alle zwei Wochen sexuellen Kontakt haben. Interessant dabei ist die Tatsache, dass Locations beim Liebesakt genutzt werden, die früher wegen der Kinder, die im gemeinsamen Haushalt lebten, schwieriger oder überhaupt nicht benützbar waren. Dazu zählen das Bad bzw. die Wellnessoase und das Wohnzimmer neben dem klassischen Schlafzimmer als besonders begehrenswerte Lokalitäten zum Austausch von sexuellen Zärtlichkeiten.

Der Trend zu Brain-, Body- und Soul-Fitness

In Zukunft wird durch den übergeordneten Trend zum 100-jährigen Lebensdesign eine ganzheitliche Betrachtungsweise und Pflege von geistiger, körperlicher und seelischer Fitness entstehen.

Neu dabei ist der Brain-Fitness-Markt. Gedächtnistrainings bzw. Gehirnjogging zu machen, einen qualifizierten Braintrainer zu mieten und Seminare zu buchen, wird eine neue Brain-Fitness-Dienstleistungsindustrie entstehen lassen.

Neueste medizinische Erkenntnisse zeigen, dass regelmäßige Gedächtnistrainings die geistige Fitness substanziell unterstützen und damit auch die Entstehung von Krankheiten wie Alzheimer und Parkinson hinausgezögert bzw. eingedämmt werden kann. Voraussetzung dafür ist natürlich eine zusätzliche professionelle medizinische Behandlung.

Das positive Denken lässt mehr Optionen zu. Die Arbeit muss Spaß machen, das ist sehr wichtig für den Erfolg. Die Kombination aus strategischem Denken und Einfühlungsvermögen lässt die besten Entscheidungen zu.

Silvia Lung-Canal, Geschäftsführerin der
Ludwig Canal's Kinder Ges.m.b.H & Co KG, Imst

Viel bedeutender jedoch ist für die 60-Plus-Generation, dass durch ein qualitatives Braintraining die geistige Frische bis ins hohe Alter aufrecht bleibt bzw. gepflegt wird. Der Boom von Sudokus ist dafür nur ein winziges Beispiel, das die neuen Geschäftschancen des Braintrainings erahnen lässt.

2015 wird das Fitnesstraining für das Gehirn wichtiger und attraktiver für die 60-Plus-Generation sein als körperliche Fitness. Voraussetzung dafür ist, dass attraktive und vor allem professionelle Trainingsmethoden mit oder ohne Placebo-Effekt entwickelt und angeboten werden, die auch leicht zuhause oder im Seniorenklub bzw. auf Reisen einsetzbar sind. Vor allem muss ein Braintraining Spaß, Genuss, Lust erzeugen und ein immaterielles Statussymbol sein, das Ansehen und Respekt in der Bezugsgruppe schafft. Ob die jeweilige Gedächtnistrainingsmethode alleine oder im Team angewendet wird, ist dabei zweitrangig. Mehrheitlich muss sie von Dritten jedoch beobachtbar sein. Erfolgreich werden jene Methoden sein, die primär für eine Einzelanwendung tauglich sind, um damit bei älteren Menschen das Einsamkeitsgefühl zu lindern.

Fernöstliche Weisheiten werden ebenso den neuen Braintrainings-Methodenkasten charakterisieren wie westeuropäische Übungen, die eigens dafür von Profis, die aus der Medizin, Psychologie, Soziologie und dem Marketing kommen, entwickelt werden.

2015 werden die Menschen ihre subjektiven Ansprüche an die Wellness- und Fitness-Dienstleistungsindustrie deutlich erhöhen. Neben dem Braintraining möchten sie auch ihren Körper möglichst lange fit und schön halten bzw. pflegen, wenngleich nicht mehr das Anti-Aging-Phänomen die Hauptmotivation darstellt, sondern der Pro-Aging-Trend. Mit Würde und Ästhetik will man das Alter und die geistige und körperliche Fitness präsentieren.

Sowohl Mann als auch Frau der 60-Plus-Generation werden sehr selbstbewusst, nahezu mit Stolz, ihre kleinen Falten zeigen und zum älter werdenden Körper stehen. Kosmetische Operationen und Eingriffe wie Fettabsaugung, Brustvergrößerung und -verkleinerung, Hautstraffung oder Zahnersatz werden für die Altersgruppe der 50- bis 65-Jährigen ein attraktives Schönheitsthema bleiben. Sanfte Sportübungen mit Fitnesswirkung werden zusätzlich neue Wachstumsmärkte vorfinden, harte und anstrengende Körpertrainings werden hingegen an Bedeutung verlieren. Es gilt, die Symbiose wirkungsvoller Sportübungen mit einer Dosis Spaß und geringer Anstrengung in einem 3D-Fitnesspaket der 60-Plus-Generation für Body – Brain – Soul anzubieten.

Studien aus dem Ernährungsbereich zeigen, dass ein Wellness- und Gesundheitsprodukt nur dann erfolgreich sein kann, wenn es neben einem professionellen Marketingauftritt der Zielgruppe auch schmeckt. Wird der Geschmack der potenziellen Abnehmer nicht getroffen, hilft auch ein Wellness- und Gesundheitsversprechen nicht. Das Produkt, gleich ob es sich um ein Getränk oder um eine feste Mahlzeit handelt, floppt.

Brain-, Body- und Soul-Trainings müssen in Analogie zu diesem Beispiel aus der Lebensmittelbranche somit schmecken. Der Fun-Komponente kommt dabei strategische Bedeutung zu.

Positives Denken, seriöse esoterische Publikationen und Methoden sowie Trainings werden weiter an Attraktivität gewinnen. Scharlatanerie und unseriöse Praktiken werden leichter identifizierbar und signifikant abgelehnt werden. Ein Teil des Haushaltsbudgets, der bisher für Sport, Fitness und Esoterik bzw. Religion ausgegeben wurde, wird in Zukunft auf neue und zusätzliche Angebotsformen aufgeteilt. Die Triade dazu wird in Zukunft heißen: Brain-, Body- und Soul-Fitness.

Eine spezielle gesellschaftspolitisch brisante Gefahr steckt in sektenähnlichen Organisationen, die subtil arbeiten und auf den ersten Blick als solche nicht erkennbar sind. Dieses eminente Gefahrenpotenzial wird in Europa insbesondere deshalb so vakant, da die katholische Kirche ihre Hausaufgaben in der Seelsorge bedauerlicherweise in einer besorgniserregenden Form vernachlässigt, was in den letzten Jahren auch nachvollziehbar war. Die vorrangige Beschäftigung mit der eigenen Organisation, um Machtpotenziale zu erhalten, die mangelnde Nachwuchssorge bei Priestern und Pfarrern und die fehlende psychologische Unterstützung der Menschen bei ihren Lebensfragen beginnen sich zu rächen. Obwohl die katholische Kirche zu den reichsten Organisationen der Welt gehört, wird ein neuer Leistungsdruck entstehen, da sich in Zyklusintervallen immer größer werdende Austrittswellen in den nächsten Jahren abzeichnen und fundieren werden. Inwieweit die katholische Kirche hier ein Umdenken bzw. ein neues Handeln in die Wege leiten wird, ist derzeit nicht prognostizierbar. Sicher ist, wenn die vorhandene Qualität nicht weiterentwickelt wird, also stagniert, werden sich andere Organisationen und Religionen um das Seelenwohl der Menschen annehmen. Des Weiteren werden immer mehr Personen Religion und Seelentraining zur Privatsache deklarieren, was wiederum zur Folge hat, dass im Rahmen der Sinnsuche und des Wertevakuums eine Vielzahl von Scharlatanen und sektenähnlichen Organisationen ihre Geschäftschancen wittern und zu Lasten der gutgläubigen Menschen diese auch ausnützen werden.

Mittel- und langfristig wird sich auch im Seelentraining der Marketinggrundsatz durchsetzen: Eine Organisation bzw. ein Dienstleister kann nur dann erfolgreich sein, wenn sie bzw. er eine substanzielle und seriöse Angebotspolitik bietet.

Sicher ist, dass die Menschen in den nächsten Jahren eine dreidimensionale professionelle Angebotslandschaft von Brain-, Body- und Soul-Fitness suchen, idealerweise in renommierter Markenqualität.

Der Trend zu Wellness-Lebensmitteln mit Arzneiimage

Das liebliche kleine Österreich ist bei Bio-Lebensmitteln Weltmarktführer. Bio-Produkte haben in einzelnen Teilsortimenten, von Gemüse bis Molkereiprodukten, einen Marktanteil bis zu 25 %. Im Vergleich dazu liegt Italien beim Bio-Produktmarktanteil bei marginalen 1 %. Fakt ist, dass Bio-Produkte bei den early adopters bereits zu einem fixen Bestandteil der Ernährung geworden sind. Die late adopters werden dieses Marktsegment in der EU in den nächsten 10 Jahren „entdecken". Bei rund 25 % Bioanteil vom Gesamtmarkt ist jedoch der Limes erreicht, denn ab 2010 wird eine neue Produktgeneration die Supermarktsortimente zusätzlich bestimmen und für ein sehr attraktives kommerzielles Wachstum sorgen.

Wellness-Lebensmittel mit Arzneiimage werden im Jahr 2015 einen Marktanteil von rund 30 % haben oder anders gesagt, nahezu jedes dritte Produkt, das im Jahr 2015 von den Konsumenten im Supermarkt gekauft wird, wird ein Wellness-Lebensmittel mit Arnzeiimage sein. Die derzeitige restriktive Gesetzgebung für sogenannte Wellnessprodukte mit Gesundheitsversprechen wird in den nächsten Jahren liberalisiert werden mit der Begründung, dass ein volkswirtschaftliches Interesse vorliegt, bei der zu erwartenden Gesellschaft der 100-Jährigen, das Bestreben der Menschen, sich gesünder zu ernähren, unterstützen zu wollen. Neue Zusätze und Rezepturen sowie ein offensives Marketing der Lebensmittelbranche werden eine neue Entwicklung initialisieren, mit der die Apotheken ab 2010 massiv zu kämpfen haben werden. Der Lebensmittel-Supermarkt der Zukunft wird der größte Konkurrent der Apotheken werden.

Hat man als Verbraucher beispielsweise am Vortag zu fett gegessen, kann man sich im Supermarkt der neuen Generation ein Wellnessprodukt x mit Arzneiimage kaufen, das die Sünde des Vortages behebt. Gleiches wird bei übermäßigem Alkoholgenuss oder bei Übermüdung gelten. Dafür findet der Konsument im Regal des Supermarktes ab dem Jahr 2010 das Produkt x oder z, das die Unpässlichkeiten beheben bzw. lindern kann.

Dem Trend entsprechend zur flüssigen Ernährung bzw. einer solchen, die wenig Kauaufwand notwendig macht, seien zwei weitere konkrete Beispiele kurz angeführt.

Trinkbares Obst ist vom Konfitüre- bzw. Marmeladenhersteller Schwartau als neue Produktgeneration am Markt positioniert worden. Das Getränk besteht nur aus Früchten. Zucker und Wasser werden nicht zugesetzt. Mit einer einzigen 200-Milliliterflasche ist der gesamte Tagesbedarf an Obst gedeckt, was auch von Ernährungswissenschaftern bestätigt wird. Das zweite Beispiel ist das erste Gesundheitsbier, das der Wellness-Lebensmittelidee mit Arzneiimage entspricht. Die Karlsberg-Brauerei hat neben den Ingredienzien, die ein klassisches Bier charakterisieren, zusätzlich Soja, Folsäure, Lecithin und Melisse beigegeben. Ein gesteigertes Wohlbefinden verspricht das erste Gesundheitsbier insbesondere auch durch einen hohen Ruhe- und Entspannungsfaktor. Vertrieben wir diese neue Produktgeneration in ausgewählten Apotheken.

Der Trend zur Miniaturisierung, der bedeutet, dass die Füllmengen von Wellness-Lebensmitteln mit Arzneiimage tendenziell geringer und höherpreisiger ausfallen werden, setzt sich ungebremst fort. Gleiches gilt auch für Produkte, die zuckerfrei oder kalorienarm sind bzw. mit wenig Fett auskommen, auch diese Angebotsformen bleiben weiter im Trend. Ähnliches gilt auch für Tiefkühl- und Convenienceprodukte.

Für eine erfolgreiche Produktvermarktung ist und bleibt jedoch ein Grundgesetz schlagend, das da heißt: Best of Taste. Frische bleibt ein erwünschtes Qualitätskriterium, wird aber durch neue Haltbarkeitsbearbeitungsmethoden relativiert. Eine Kombination aus schlüssig glaubhafter Frische mit einer gedehnten Haltbarkeitsdauer wird sowohl von den Singles als auch von der 60-Plus-Generation immer mehr geschätzt.

Das Kochen zuhause gewinnt bis 2015 wieder an Bedeutung, wobei hier klar zwischen Pflicht und Kür unterschieden wird. Die Pflicht wird im Kochbereich etwa 90 % der Mahlzeiten, die zuhause hergestellt werden und durch zeitsparende Convenienceprodukte und Wellness-Lebensmittel bzw. durch Take-away-Mahlzeiten aus der Gastronomie und dem Lebensmittelhandel oder durch Hauszustellung ergänzt werden, abgedeckt. Die restlichen 10 % werden als Kür dem Kochen im Rahmen der Gastfreundschaft bzw. des Sich-Verwöhnens in der privaten Sphäre zuzuordnen sein. Nicht inkludiert in diesem Zusammenhang ist der Außerhausverzehr.

In Summe ist zu erwarten, dass sich von 2010 bis 2015 renommierte Supermarktketten infolge der obig beschriebenen Trends gänzlich neu positionieren werden. Die Apotheken und Drogerien werden aufgrund des neuen Mitbewerbs, der primär aus der Lebensmittelbranche kommt, ebenfalls unter einen Neupositionierungszwang kommen. Wobei die Drogerien eine höhere Veränderungsgeschwindigkeit in den nächsten Jahren verzeichnen werden als die Apotheken, die noch immer in einem relativen Marketingtiefschlaf liegen.

Fazit

Immer mehr Menschen werden in ihrem 100-Jahre-Lebensdesign ihre Gesundheit durch Brain-, Body- und Soul-Fitness selbst in die Hand nehmen. Ärzte und Apotheken werden nur mehr dann aufgesucht, wenn ein echtes Gesundheits- und Wellness-Coaching erfolgt oder wenn wirklich „Not am Mann/an der Frau" ist. Spitäler entwickeln sich vermehrt zu Ein-Tages-Kliniken, sofern sie keine Top-Genesungs- und Pflege-Trainees anbieten. Die sechs Lebensphasen der 100-Jährigen werden sich manifestieren und neue gesellschaftliche Werte nach sich ziehen. Nachdem immer mehr Wellness-Lebensmittel mit Arzneiimage auf den Markt kommen werden, wird der Lebensmittelmarkt der Zukunft der größte Konkurrent für Ärzte, Apotheken und Drogerien. Der Trend zur Do-it-yourself-Gesundheitskultur wird riesige und neue Wachstumschancen eröffnen, aber auch eine enorme Marktbereinigung bis 2015 bewirken. Viele Marktteilnehmer in dieser über Jahrzehnte geschützten Branche werden von dieser Entwicklung nahezu überrollt werden, da sie den notwendigen Paradigmenwechsel nicht oder zu spät erkennen und vollziehen.

Wer alles plant, den trifft der Zufall umso härter – also lasse auch manchmal los!

Heinz Durstberger, Mitglied des Vorstandes der Trierenberg Holding AG, Linz-Traun

Der Trend zum technologischen Systemabtausch

★ Der Eintritt ins Perpetuum-mobile-Zeitalter ab 2015 eröffnet ungeahnte Dimensionen!

★ Der Trend zur Hybridtechnologie – die intelligente Übergangslösung zum Eintritt in das Perpetuum-mobile-Zeitalter

★ Der Trend zur lautlosen Technik

Der Eintritt ins Perpetuum-mobile-Zeitalter ab 2015 eröffnet ungeahnte Dimensionen!

So unglaublich es auch klingen mag: Der Eintritt ins Perpetuum-mobile-Zeitalter wird ab 2015 stattfinden und unserer Gesellschaft und Wirtschaft zum Teil unvorstellbare positive Dimensionen und Entwicklungen eröffnen. Ermöglichen werden dies die besten Köpfe unserer Spezies, die im Bereich der Forschung und Entwicklung interdisziplinär arbeiten und mit einer hohen Praxisorientierung tätig sind. Die Voraussetzung für den kommenden enormen Quantensprung in das Perpetuum-mobile-Zeitalter ist der Trend zum technologischen Systemabtausch, der uns bis 2015 eine neue technologische Zwischensystemphase bescheren wird.

Die Lateiner haben das Perpetuum mobile als das „sich ständig Bewegende" bezeichnet. Obwohl es nach den physikalischen Gesetzen nicht möglich ist, eine Maschine, die ohne Energieverbrauch dauernd arbeitet, in Betrieb zu nehmen – dies ist die anerkannte Definition – wird im Zeitraum von 2015 bis 2020 genau das Gegenteil bewiesen werden. Aufbauend auf dem energetischen Gesetz, das besagt, dass Energie nie verloren gehen, sondern nur in andere Energieformen umgewandelt werden kann, wird das Perpetuum-mobile-Zeitalter durch hochintelligente Technologien und praxisorientierte Anwendung ermöglicht.

Es wäre müßig, sich in diesem Zusammenhang nur mit Definitionsfragen aufzuhalten. Viel wesentlicher und wertvoller ist es, sich die Fragen zu stellen: Was kann und wird der Eintritt ins Perpetuum-mobile-Zeitalter in der Praxis für uns alle bewirken? Und welche Zwischenschritte gibt es bis dorthin, um diese Vision zu realisieren?

Der wesentlichste Schritt bis 2015, der jedoch nur eine Zwischenphase darstellt, ist der Einsatz der Hybridtechnologie.

Der Trend zur Hybridtechnologie – die intelligente Übergangslösung zum Eintritt in das Perpetuum-mobile-Zeitalter

Die Hybridtechnologie wird zwischen 2010 und 2015 ihren Höhepunkt erleben. Unter „hybrid" versteht man: Gemischtes, von zweierlei Herkunft, aus verschiedenem zusammengesetzt, durch Kreuzung bzw. Mischung entstanden.

Das in den kommenden Jahren wohl bekannteste Beispiel für die neue Generation der Hybridtechnologie wird aus der Autoindustrie kommen. Ein duales Motorenmanagement, das aus Benzin- und Elektromotor besteht, wird die Herzen vieler Autokäufer höher schlagen lassen. Zu berücksichtigen ist jedoch trotz der zu erwartenden Hybrideuphorie, dass diese Technologie, wie jede andere auch, Stärken und Schwächen besitzt und lediglich eine intelligente Zwischenlösung zur Vorbereitung des technischen Quantensprungs in das Perpetuum-mobile-Zeitalter ab 2015 ist. Bleiben wir bei der Autoindustrie.

Spätestens im Jahr 2015 werden herkömmliche Benzin- und Diesel-Pkws unverkäuflich sein. Die Kunden werden bereits ab 2010 signifikant ihr Kaufverhalten ändern. Das Hybrid-Auto wird das technische Objekt der Begierde werden. Durch die Kombination aus Elektro- und Benzinmotor erwarten sich die Kunden eine bedeutende Benzinverbrauchsreduzierung sowie einen wertvollen und aktiven Beitrag zum Klimaschutz damit leisten zu können. Nachdem die japanische Autoindustrie, insbesondere Toyota und Honda, Weltmarktführer in der Hybridtechnologie ist und diese Entwicklung von der europäischen Automobilindustrie mehrheitlich verschlafen worden ist, werden die Japaner mit ihrer in den nächsten fünf Jahren nicht mehr einholbaren Hybridtechnologie signifikant Weltmarktanteile gewinnen.

Die größten Verlierer werden die US-amerikanischen Automobilproduzenten sein, gefolgt von den europäischen. Zwischenzeitlich werden die europäischen Automobilfirmen durch 1-Liter-Autos beherzte Gegenmaßnahmen setzen wollen, um dem japanischen Mitbewerb Paroli zu bieten. Dies wird jedoch mit der alten Technologie, auch wenn nur ein einziger Liter Benzin oder Diesel auf 100 km verbraucht wird, maximal marginal gelingen. Fakt ist, dass das 3-Liter-Auto ein Flop wurde und dass eine reine Diesel- bzw. Benzinertechnologie dem dirty traffic zugeordnet wird. Der neue technologische Systemabtausch wird von der breiten Öffentlichkeit als Chance zum clean traffic interpretiert.

Sorgen Sie dafür, dass Sie Erster „im Kopf" des Kunden sind! Es ist besser, Erster „im Kopf" als der Erste „im Markt" zu sein!

Josef Zünd, Geschäftsleiter der SFS unimarket AG, Heerbrugg/Schweiz

Als Antwort auf den kommenden ungeheuren Verdrängungswettbewerbsdruck der japanischen Automobilhersteller, der insbesondere auf amerikanische und europäische Industriebetriebe wirken wird, wird an allererster Stelle die europäische Industrie eine neue Technologie-Offensive lostreten. Bereits 2010 werden die ersten Brennstoffzellenautos und Wasserstoffautos von den Europäern am Markt eingeführt werden. 2015 wird der technologische Systemabtausch in der Neuwagenproduktion durch eine Großserienfertigung vollzogen sein. Nichtsdestotrotz wird es auch in der Brennstoffzellentechnologie einen harten Wettlauf in der Markteinführung der ersten Serienmodelle geben, da die Japaner bereits 2008 mit einem Brennstoffzellen-Pkw die Öffentlichkeit begeistern wollen.

Der Trend zum technischen Systemwechsel von Benzin- und Dieselmotoren auf Hybridtechnologie von 2008 bis 2015 und in weiterer

Folge auf Brennstoffzellen- und Wasserstoffautos wird die mit alter Technik betriebenen Pkws unverkäuflich machen. Heutige Investitionen im Fuhrparkbereich sollen daher wohlüberlegt werden, zumal man davon ausgehen muss und kann, dass der Gebrauchtwagenmarkt durch den Abtausch der technologischen Systeme massiv einbrechen wird.

Ein weiteres Beispiel für den Zwischenschritt in die Hybridtechnologie zeigt der Beleuchtungsmarkt auf. Weltweit werden 19 % des Gesamtstrombedarfs für Licht, von der Leuchtreklame beginnend, die in den Städten zum Markenzeichen des illustren Lebens geworden ist, bis hin zu den Wohnlampen der herkömmlichen Art, verbraucht. Große Handels- und Industriekonzerne berufen bereits jetzt Taskforces ein, die durch Hybridlösungen, nämlich Energiesparlampen, die Stromkosten für Beleuchtung um 30 bis 50 % senken sollen. Diese Zielvorgabe ist auch absolut realistisch, insbesondere dann, wenn man auf die explodierenden Energiepreise, die bis 2015 ungebremst weiter steigen, Rücksicht nimmt. Auch die privaten Haushalte, Schulen, öffentliche Gebäude werden den technischen Systemwechsel von herkömmlichen Lampen zu Energiesparlampen, die durchaus als Hybridgeneration bezeichnet werden können, mitvollziehen. Ab 2015 wird auch im Beleuchtungsmarkt eine gänzlich neue Technologie kommen, die der Perpetuum-mobile-Philosophie entsprechen wird.

In der Bauwirtschaft stellen die derzeitig bekannten Niedrigenergie- und Passivhäuser quasi Hybridhäuser dar. Sie helfen zwar signifikant Kosten sparen, insbesondere im Bereich der Heizungs-, Kühl- und Stromkosten, eine Energieunabhängigkeit wird jedoch so gut wie nicht realisiert. Auch hier gilt, dass ab 2015 die Hybridtechnologie der Passiv- und Niedrigenergiehäuser durch das Plusenergiehaus abgelöst wird und damit das Perpetuum-mobile-Zeitalter in der Bauwirtschaft eröffnet wird. In Zukunft wird ein Einfamilienhaus, eine Mietwohnung in einem Objektgebäude, ein Bürogebäude, selbst große Fabriken und 4-Stern- und 5-Stern-Hotels nicht nur energieautark arbeiten können, sondern im Sinne der Plusenergiehausphilosophie mehr Energie produzieren als vor Ort verbraucht werden kann.

Der Perpetuum-mobile-Technologiekreislauf wird dabei im Wesentlichen wie folgt aussehen: Auf dem Dach bzw. auf der Fassade des jeweiligen Gebäudes bzw. auch auf den Balkonen werden Fotovoltaikmodule angebracht, mit denen elektrischer Strom produziert werden kann. Dieser Strom dient zukünftig mehrheitlich dazu, dass Wasser mithilfe der Brennstoffzellentechnologie in Wasserstoff und Sauerstoff getrennt wird. Der so gewonnene Wasserstoff wird in eigens dafür vorgesehene Behälter in komprimierter Form abgespeichert. Dieser Wasserstoff wiederum wird als Energiequelle herangezogen, die eine Energiezelle bzw. Brennstoffzelle betreibt, sobald kein elektrischer Strom via Fotovoltaik verfügbar ist. Ein technischer Trendsetter in dieser nachhaltigen Technologiekreislaufkonzeption ist das Unternehmen Fronius, das im Jahr 2009 mit der Energiezelle in Serienfertigung gehen wird. Für den Anwender bedeutet dies, dass auch am Abend und in der Nacht genügend Energie in Form von komprimiertem Wasserstoff zur Verfügung stehen wird, die tagsüber durch Sonnenenergie mittels Fotovoltaikmodulen produziert worden ist. Mit dem komprimierten Wasserstoff und der neuen Energiezelle kann tageszeitunabhängig Strom produziert werden.

Kritiker können nun zu Recht einwenden, dass es sich hier um keine Perpetuum-mobile-Konzeption handelt, da sowohl die Fotovoltaikmodule als auch die Brennstoffzelle oder Energiezelle vorab produziert werden müssen, wofür Rohstoff und Energie und andere Ressourcen verbraucht werden. Diese kritische Anregung kann aus der Fotovoltaik bereits heute sehr klar und überzeugend beantwortet werden.

Die sogenannte Pay-back-time, das ist jene Zeit, die ein Fotovoltaikmodul braucht, um sämtliche Kosten für die Eigenproduktion hereinzubringen, liegt derzeit bei drei Jahren. Bedenkt man, dass ein Fotovoltaikmodul eine Lebensdauer von 25 Jahren hat, ohne signifikanten Leistungsabfall, dann ist das Surplus, also die Öko- und Energiebilanz, 22 Jahre positiv, Tendenz weiter steigend.

Hochinteressant werden in weiterer Folge die Auswirkungen des Trends zur Verschmelzung der Mobilitätswirtschaft mit der Energiewirtschaft werden. Wird ein Konsument im Jahr 2015 komprimierten Wasserstoff über den elektrischen Strom, den er aus Fotovoltaik gewinnt, selbst produzieren können, dann kann dieser auch seinen Pkw, der mit komprimiertem Wasserstoff betrieben wird, betanken. Ab 2015 wird daher ein massiver Strukturwandel im Tankstellennetz eingeleitet werden. Die Tankstelle zuhause, entweder in der Garage oder im Carport, wird technisch möglich sein und mehr denn je genützt werden. Dies entspricht auch dem Trend zur Dezentralisation. Wie rückblickend aus der EDV-Branche erkennbar und nachvollziehbar ist, dass das große Marktwachstum nicht bei stationären Großrechnern stattfindet, sondern bei dezentralen, kleinen, mobilen Einheiten, nämlich bei den Laptops, wird Gleiches bei der Betankung der Fahrzeuge ab 2015 schlagend werden. Auch die Energieversorgung des eigenen Hauses wird mehrheitlich dezentral erfolgen. Nichtsdestotrotz werden die großen Flaggschiffe im Bereich des Energieversorgungsnetzes weiterhin gebraucht, zumal zum einen eine Grundversorgungssicherheit gewährleistet sein muss und zum anderen auch industrielle Großabnehmer eine dementsprechend leistungsfähige Versorgungsinfrastruktur benötigen.

In einer visionären Zukunftsbetrachtung ist es erlaubt, bestimmte Begriffswelten nicht im engeren Sinn, sondern im weiteren Sinn zu sehen und zu interpretieren. Durch den Abtausch der technologischen Systeme, der durch das Hybridzeitalter eingeleitet wird, wird ab 2015 das Perpetuum-mobile-Technologiezeitalter eröffnet. Anhand der drei Beispiele Mobilität, Beleuchtung und Energieversorgung zuhause wurde dieser faszinierende technologische Quantensprung skizziert. Weitere Branchen werden folgen.

Die europäische Union hat die diesbezüglichen Wissenschafter, Techniker, Marketingexperten, aber auch die finanziellen Ressourcen, um in dieses höchst intelligente und wertvolle Zeitalter als Weltmarktführer einzusteigen. Dieser Quantensprung wird insofern auch notwendig werden, wenn der Kampf gegen den fortschreitenden Klimawandel mit seinen dramatischen Folgen gewonnen werden soll.

Der Trend zur lautlosen Technik

In den nächsten 10 Jahren wird es immer mehr Produkte sowohl für den stationären als auch für den mobilen Einsatz geben, die durch ihre Geräuschlosigkeit die Kunden erfreuen bzw. erschrecken werden. Vier Beispiele dazu:

Die neuen Elektroscooter, die insbesondere in den südeuropäischen Tourismusregionen zur Abendattraktion zählen, sind aufgrund ihres Elektromotorantriebes nahezu lautlos und schaffen 20 bis 40 Kilometer pro Stunde. Hybridautos, die im Stadtgebiet auf Elektromotorantriebsbasis fahren, sind fast zu 100 % lautlos. Die Fotovoltaikmodule, die in Österreich und Deutschland bis 2020 etwa 5 % des elektrischen Strombedarfes abdecken werden, produzieren lautlos Energie. Die Adaptronik, wie dieser neue Zweig der lautlosen Technik heißt, wird Geräte, Apparate, Maschinen, aber auch Hubschrauber lautlos machen.

Das Prinzip der Adaptronik ist relativ simpel. Die Eigenschwingungen der Maschinen, die Lärm und Geräusche erzeugen, werden durch exakt berechnete Gegenvibrationen neutralisiert. Die technische Vorrichtung, die diese Lautlosigkeit ermöglicht, hat die Größe einer kleinen Bonbonniereschachtel. Piczo-Elemente, intelligente Softwareprogramme sowie einzelne Mechatronikteile schaffen es, dass die Vibrationen lautlos werden. Ab 2015 werden die ersten geräuschlosen Helikopter unterwegs sein. Damit können Geschäftsreisende, aber auch Notdienste um Mitternacht bei der Privatvilla bzw. beim Krankenhaus auf dem vorgesehenen Hubschrauberlandeplatz aufsetzen. Neue Märkte werden sich durch die geräuschlose Technik eröffnen.

Zweifelsohne gibt es durch den Trend zur lautlosen Technik auch Sicherheitsrisken. Menschen, die Hybrid- bzw. Elektro-Pkws aufgrund ihrer Geräuschlosigkeit nicht mehr wahrnehmen können, werden die Unfallstatistik erhöhen. Die Technik wird daher von der Lautlosigkeit auf sympathische, hörbare Signale umsteigen, um Unfallrisken präventiv zu vermeiden. Natürlich werden auch in diesem Zusammenhang neue emotionale, audioorientierte Verkaufsmerkmale realisiert werden können. Sicher ist, dass beispielsweise auch die lautlose Technik der Fotovoltaikmodule entweder visuelle oder akustische Wahrnehmungskomponenten liefern wird.

Wenn ich mich nicht zwischen Vergangenheit und Zukunft entscheiden kann, wähle ich die Gegenwart.

Wolfgang Grüneis, Manager der Rübig Unternehmensgruppe, Wels

Der Trend zur Reduktion der Komplexität

- ★ Der Trend zum „KISS-Customer"
- ★ Der Trend zur Triple-A-Marketingtechnik
- ★ Die intelligenten „Cost-Cutters" kommen

Der Trend zur Reduktion der Komplexität

Je größer die Intelligenz der Produkte, je mehr Fullservice ein Dienstleister bietet, je komplexer die internationalen Zusammenhänge auf unserem Globus werden, um so einfacher soll alles für die Kunden vor Ort werden. Dies betrifft den Kauf von Produkten ebenso wie Dienstleistungen, die in Anspruch genommen werden wollen.

Dieses auf den ersten Blick vermeintliche Paradoxon ist keines, den bereits Albert Einstein sagte: „Das Schöne an unserer komplexen Welt ist, dass sie so einfach zu verstehen ist."

Der Trend zum „KISS-Customer"

Dieser Trend will nicht dahingehend in die Irre führen, dass Führungskräfte bzw. Mitarbeiter meinen sollten, ab sofort alle ihre Kunden küssen zu müssen, vielmehr steht die Abkürzung KISS für „keep it simple and straight". Die Menschen nehmen Innovationen und Angebotsformen der Unternehmen nur mehr dann gerne auf, wenn deren Vorteile leicht verständlich sind, die Anwendung einfach ist und bleibt und zusätzliche Attraktivitätsfaktoren geboten werden, die beispielsweise Anerkennung bringen, Luxus deklarieren, ein Zeichen zum aktiven Klimaschutz setzen oder dem Trend zum intelligenten Cost-Cutting entsprechen.

Der Erfolgsweg des Handys ist eine exzellente Bestätigung dafür, wie die Bedürfnisse der KISS-Customers perfekt erfüllt worden sind. Die Hauptvorteile des Handys, das mobile Telefonieren und das Verschicken von kurzen schriftlichen Botschaften werden ergänzt durch Zusatzfunktionen wie fotografieren, filmen, das Empfangen von TV-Sendungen bzw. Videos, die allesamt „simpel und straight" sind.

Zusätzlich ist die Nutzung eines Handys ein sichtbares Zeichen dafür, dass man ein wichtiger Bestandteil der Gesellschaft ist. Auch das Preis-Leistungs-Verhältnis ist hochattraktiv, was dem Trend zum intelligenten Cost-Cutting zusätzlich entspricht. Die Handyentwicklung zeigt auch, wie rasch sich eine Produktinnovation entwickeln kann, wenn man bedenkt, dass mobiles Telefonieren vor 20 Jahren noch nicht existierte.

Was kann die Wirtschaft und Politik aus dem Trend zum KISS-Customer lernen? Die Kunden von heute und morgen wollen drei bis fünf Argumente, die leicht verständlich, kommunizierbar und auch anwendbar sind. Extrem wichtig ist in diesem Zusammenhang, dass die drei bis fünf Top-Argumente auch leicht reproduzierbar sind. Dies ist die Grundvoraussetzung dafür, dass Kunden das Produkt oder die Dienstleistung begeistert präsentieren und verwenden können und dies auch ihrem so wichtigen Freundeskreis bzw. den Geschäftspartnern kommunizieren können. Die Kernthese 3.5 bestätigt diese Erkenntnis zusätzlich. Will ein Unternehmen ein Produkt oder eine Dienstleistung erfolgreich vermarkten, muss es den Mut haben, drei bis fünf Spitzen, also Peaks, mit Vorteilen und Top-Argumenten so aufzubereiten, dass sie der KISS-Philosophie entsprechen. Alles andere funktioniert nicht bzw. bleibt stark hinter der Erwartung zurück.

Eine politische Partei, die ein Programm entwickelt, das zwar höchst intelligent ist, aber keine drei bis fünf Spitzen hat, die den Großteil der Gesellschaft begeistern können, scheitert. Die Begründung dafür ist relativ simpel. Die breite Öffentlichkeit muss in der Lage sein, – sozusagen auch am Stammtisch –, die inhaltlichen Highlights bzw. Spitzen begeistert transportieren zu können. Dazu ist es notwendig, die diesbezüglichen Inhalte mit drei bis fünf Argumenten leicht verständlich aufzubereiten, damit diese ebenso einfach und verständlich zu kommunizieren sind. Dieser Grundsatz gilt nicht nur für die Politik, sondern auch für die Wirtschaft im Allgemeinen und für die unternehmerische Arbeit im Besonderen.

Bleiben wir noch bei der KISS-Philosophie. Ein Controllerbericht ist dann top, wenn er einen Umfang von ein bis zwei Seiten hat und drei bis fünf Zahlen dokumentiert, die „beißen", also sogenannte Peaks hat. Diese werden das Management zusätzlich motivieren, seine Energie bzw. Ressourcen dafür zu verwenden, um Gutes besser zu machen oder die Schwächen bestmöglich zu eliminieren. Ein 10-Seiten-Controllerbericht, der keine Ziffern mit Biss liefert, ist Durchschnitt und damit passé.

Wenn Sie Ihrer 12-jährigen Tochter oder Ihrem Sohn in drei Sätzen erklären können, was Ihr Unternehmen oder die Produkte bzw. Dienstleistungen, die Ihr Unternehmen anbietet, so attraktiv und einzigartig macht, und Ihr Nachwuchs kann das von Ihnen Erklärte mit leuchtenden Augen sofort reproduzieren, haben Sie die Marketingphilosophie des KISS-Customers exzellent umgesetzt.

Der Trend zum KISS-Customer darf jedoch nicht verwechselt werden mit Stupidität oder Oberflächlichkeit. Die Schickimicki-Companies, deren Produkte bzw. Dienstleistungen kaum eine inhaltliche Substanz oder eine Vision mit Sinnstiftung bieten, zählen zu den Dinosauriern der Wirtschaft, die aufgrund des Kundenverweigerungsverhaltens vom Aussterben bedroht sind.

Klein- und Mittelbetriebe erlangen in der europäischen Wirtschaftspolitik größeres Gewicht. Diese Publikation zeigt wertvolle Zukunftsthesen für das Handwerk auf.

Dr. Hanspeter Munter, MdL, Präsident der Wirtschaftskommission zum Südtiroler Landtag
Direktor des Südtiroler Landesverbandes der Handwerker (LVH) Südtirol

Der Trend zur Triple-A-Marketingtechnik

Auch im Hinblick auf die neuen technologischen Systemabtausche suchen und wollen die Kunden mehr denn je drei technische Leistungskennziffern, die die Qualität eines Produktes beschreiben und seinen Nutzen für die Käufer bzw. Verwender leicht verständlich nachvollziehbar machen.

Ein Beispiel dazu aus dem automotiven Bereich, das in den letzten Jahrzehnten gültig war und bis 2010 aktuell bleiben wird: Ein potenzieller Autokäufer will wissen, wieviel PS ein Auto hat. (Die KW-Bezeichnung hat sich bis heute noch nicht durchgesetzt.) Des Weiteren will die Kundschaft den Benzin- bzw. Dieselverbrauch auf 100 km wissen und die Spitzengeschwindigkeit.

Diese drei technischen Daten entsprechen der Triple-A-Technikbeschreibung und müssen für die Kunden sowohl im Endverbraucherbereich als auch im B2B-Bereich leicht verständlich und nachvollziehbar sein. Die technische Beschreibung ist ein wesentlicher Bestandteil der subjektiven Abschätzung des Preis-Leistungs-Verhältnisses.

Transportiert man diese Erkenntnis aus der Pkw-Branche in andere Branchen, können aufgrund des Trends zur Triple-A-Technikbeschreibung, sofern ein Umdenken passiert, neue Wettbewerbsvorteile lukriert werden, zumal die meisten Wirtschaftszweige die Triple-A-Beschreibung bisher kaum gemacht haben.

Triple-A-Tipps und Erkenntnisse aus und für die Praxis

Drei Beispiele dazu: Ein Kunde, der ein Dach kauft, will sichergehen, dass Bezug nehmend auf die explodierenden Energiepreise das Dach energieeffizient ist, also insbesondere im Winter wenig Wärme verliert und gute Dämmwerte hat. Zielführend ist es in diesem Zusammenhang, dass die Dachbranche eine Energieziffer definiert, die für die breite Öffentlichkeit ähnlich aussagekräftig und leicht verständlich ist, wie die PS-Zahl oder die Treibstoffverbrauchsangabe beim Auto. Diese Ziffer muss eine attraktive Abkürzung haben und auch rasch bekannt gemacht werden.

Als zweiter Mainstream in diesem Zusammenhang soll Bezug nehmend auf den Klimawandel und die wachsende Anzahl von Stürmen, die es auch in Europa und in Österreich tendenziell häufiger geben wird, ein technischer Leistungsnachweis für das Dach erbracht werden, dass beispielsweise „das Dach X Stürmen von bis zu 250 km/h standhält". Dieses Sturmschutz-Dach würde das Bedürfnis nach Sicherheit und Nachvollziehbarkeit bei den Kunden exzellent erfüllen. Zusätzlich könnte beispielsweise die Lebensdauer des Daches von 30 bis 40 Jahren in der technischen Beschreibung betont werden. Damit wäre die Triple-A-Leistungsbeschreibung im Dachmarketing perfekt erfüllt.

Solch plakative Argumente werden die Kunden im B2B-Bereich ebenso wie im Endverbraucherbereich vermehrt suchen und eröffnen der Wirtschaft ein riesiges Chancenpotenzial, um sich am Markt attraktiv und innovativ zu positionieren.

Wir haben die Energie, Dinge zu ändern und nachhaltig neu zu gestalten!

Karlheinz Reitze, Geschäftsführer der Stiebel Eltron GmbH & Co. KG, Holzminden

Ein anderes Beispiel zur Triple-A-Technik-Beweisführung aus Ludwigshafen: Einzelne dort neu errichtete 70 m^2 große Wohnungen wurden mit dem neuesten Dämmstoff von BASF ausgestattet. Ein technisches und sehr schlagkräftiges Verkaufsargument für die Mietwohnungen dazu heißt unter anderem, dass die Mieter nur einen Liter Heizölverbrauch pro m^2 Wohnfläche und Jahr zu erwarten haben. Für den Kunden ist damit leicht nachvollziehbar, dass er für diese Wohnung nur 70 Liter Heizöl pro Jahr aufwenden muss. Die 70 Liter Heizöl, wertmäßig betrachtet, zeigen dem Kunden, dass er sich diese Wohnung seitens der Heizkosten ohne wirkliche Probleme leisten kann – trotz explodierender Energiepreise. Die Triple-A-Argumentation in diesem Beispiel wäre somit: Ein Liter Heizöl pro m^2, der Ein-Liter-Preis pro Heizöl und die Verdreifachung des Heizölpreises bis 2015.

Ein drittes Beispiel dazu aus der Metalltechnikbranche, die es in den letzten zwei Jahrzehnten hervorragend geschafft hat, Metall und Glas als Bau- und Designmaterial miteinander zu verknüpfen. Fakt ist, dass durch die immer häufiger und größer werdenden Hitzespitzen und die steigenden Energiepreise Shopping-Centers, Bürogebäude oder Objektbauten uam. im Rahmen der Energiespareffizienz einer neuen technischen Anforderung im Metall- und Glasbau zugeführt werden müssen.

Eine Königsaufgabe der Metalltechnikbranche ist es daher, innovative Produkte zu entwickeln, die zum einen dem Energiesparanspruch gerecht werden und zum anderen, dass eine gut klingende Nomenklatur gefunden und definiert wird, die den Kunden weiterführende technische Argumente und Entscheidungshilfen bietet.

Die Metalltechnik könnte folgende Triple-A-Technikargumente dazu definieren. Zum einen sollte beispielsweise der Dämmwert des Glases – ein ohnehin technisches Must-have – plakativer als bisher die Energieeffizienz der Glas- und Metalltechnikhülle beschreiben und kommunizieren. Des Weiteren soll Bezug nehmend auf die Verschmelzung von Metall, Glas und Fotovoltaikfassade die Fotovoltaikleistung des montierten Modules sichtbar und plakativ dargestellt werden. Insbesondere die Strom- und Energieersparnis aus dem Titel Kühlung und Heizung sollte in Euro angegeben werden.

Bezug nehmend auf die zunehmende Sturm- und Orkanentwicklung ist auch in der Metalltechnikbranche eine Wertangabe, beispielsweise mit der Aussage: „Diese Metall-, Glas- und Fotovoltaikhülle hält Stürmen bis 200 km/h stand", von höchster Attraktivität. Mit diesem Argumentationspaket kann dem Trend zur Triple-A-Technikbeschreibung exzellent entsprochen werden.

Als Voraussetzung dafür gilt für jede Branche, dass die technischen Leistungsgrößen vorab gefunden und definiert werden müssen. Die Aussagekraft und die Vorteils- sowie Nutzenorientierung stehen im Fokus der Betrachtung, eine leichte Verständlichkeit und Nachvollziehbarkeit für den Kunden muss gewährleistet sein. Eine hohe Attraktivitätsausstrahlung und ein hoher Bekanntheitsgrad sind ein Must-have für das Funktionieren dieser Technikleistung.

Als Vorbild dazu kann durchaus die Autobranche herangezogen werden, die auch in den nächsten Jahren bzw. bis 2015 durch das vermehrte Auftreten von Hybridautos bzw. Brennstoffzellen-Pkws in eine neue Triple-A-Technikbeschreibung eintauchen wird müssen.

Die intelligenten Cost-Cutters kommen

Nimmt man Bezug auf die steigenden Energie- und Rohstoffpreise und die wachsenden Kosten im privaten Konsum für Ernährung, Miete, Haushaltsführung, Heizung, Strom, Wasser etc., ist es relativ leicht nachvollziehbar, dass immer mehr Menschen in den nächsten Jahren ihre Sparquote bzw. ihr Angespartes dahingehend reduzieren werden, um durch intelligente Investitionen der Lebenshaltungs- und Betriebskostenfalle nachhaltig zu entrinnen.

So werden die Kunden sowohl im Business-to-Customer-Bereich, B2C, als auch im Business-to-Business-Bereich, B2B, in den nächsten Jahren überproportional viel Geld z.B. in eine bessere Wärmedämmung ihrer Häuser, einen Fenstertausch oder eine bessere Isolierung des Daches investieren, um die Betriebskosten zu reduzieren. Das Ersetzen der alten Öl- und Gasheizungen durch neue Haustechniken, die die laufenden Betreiberkosten signifikant reduzieren können, werden dem gesamten Renovierungs- und Sanierungs- bzw. Modernisierungsmarkt einen überproportionalen Boom bescheren.

Voraussetzung dafür ist auch die Berücksichtigung der KISS-Customer-Philosophie. Gerade in der Haus- und Heiztechnik ist derzeit eine relativ große Verunsicherung der Kunden feststellbar. Sowohl bei Renovierung und Sanierung als auch beim Neubau wissen die Kunden derzeit nicht so recht, ob ein Specksteinofen anstelle der Ölheizung oder eine Wand- und Deckenheizung auf Basis von Erdwärme besser sei, als eine moderne Gasheizung. Hinzu kommt die Verunsicherung, ob sich thermische Solarenergie und Fotovoltaik nun tatsächlich rechnen bzw. ob die Förderungen auf diesem Niveau bleiben, besser oder schlechter werden und ob bei Nutzung der Erdwärme die Tiefenbohrung im Vergleich zum Flächenerdkollektor nicht doch wirtschaftlich vernünftiger wäre. Diese Fragekette ließe sich problemlos weiter fortsetzen und zeigt auf, in welches Dilemma diese Branche gerutscht ist. Die Verunsicherung und Orientierungslosigkeit der Kunden ist hier die größte ernstzunehmende Bremse für eine an und für sich boomende Branche.

Die Lösung dieses Verunsicherungssyndroms ist relativ simpel. Die Firmen werden die intelligenten Cost-Cutters begeistern können, die bei der Fragestellung nach der richtigen und zukunftsorientierten Haustechnik dem Kunden zwei Pakete nach der KISS-Philosophie anbieten. Das Angebot von nur einem einzigen Paket würde kontraproduktiv wirken, da der Kunde von heute und morgen zwischen zwei, jedoch maximal drei Alternativen wählen will. Wobei gilt, je komplexer das zu kaufende Produkt bzw. Angebot ist, umso mehr wünscht es der Kunde, aus einer Wahlmöglichkeit von nur zwei Optionen seine Entscheidung treffen zu können.

Eine zweite Branche werden die Cost-Cutters besonders ins Visier nehmen. Das ist die Mobilität, das Auto und Alternativen dazu. Nachdem 80 % der Autofahrten kürzer als 40 km sind und mehrheitlich im Stadt- bzw. Ortsgebiet erfolgen, ist der Run auf Hybridautos quasi vorprogrammiert. Autos mit 140 PS und mehr werden in den nächsten Jahren immer schwerer verkäuflich sein, da auch viele Firmen für ihre Reisenden und Manager aufgrund der explodierenden Treibstoffkosten, des relativ hohen CO_2-Ausstoßes von Limousinen und auch aufgrund der Notwendigkeit, einen positiven und aktiven Beitrag zum Klimaschutz zu leisten, den Fuhrpark auf sparsamere Modelle und Motoren, die 90 bis 110 PS umfassen, umstellen werden. Diese Motoren und Geschwindigkeitsleistung reicht, zumal die durchschnittliche Fortbewegungsgeschwindigkeit innerhalb der Europäischen Union heute bei 45 km/h liegt. Ein rasches Umdenken und Handeln, insbesondere bei der europäischen Premiummarkenautoindustrie, im Bereich der Motorenausstattungsleistung und alternativen Antriebskonzepte wird über Erfolg und Misserfolg entscheiden. Der Trend zum Cost-Cutting wird sich im Bereich von intelligenten Neu- bzw. Ersatzinvestitionen in einem rasenden Tempo entwickeln und so unsere Gesellschaft und Wirtschaft bis 2015 nachhaltig verändern.

Die Diskonter werden aufgrund ihrer KISS-Customer-Philosophie und der Erfüllung der Cost-Cutter-Ansprüche, die insbesondere aufgrund der kontinuierlich steigenden Kosten im privaten Konsum in diesem Bereich Auswege bieten, ihren Marktanteil auf 30 % steigern können. Ab diesem Wert ist der Zenit erreicht, die intelligenten Cost-Cutters werden diese Entwicklung jedoch beschleunigen. Die Markenartikelhandelsketten werden als Gegenstrategie zu den Cost-Cutters ihre Diskonthandels- und Eigenmarken noch stärker forcieren als bisher und durch eine Neupositionierung ihrer Angebotsphilosophie die intelligenten Cost-Cutters begeistern müssen. Die substanzielle Basis dafür sind die in dieser Publikation ausgeführten Mega-Trends, die das Kundenverhalten signifikant verändern und für jede Menge Gesprächsstoff in den Managementebenen sorgen werden.

Die Qualität des Lebens entsteht durch Vielfalt und nicht durch Monotonie.

Christian Hehenberger, Geschäftsführer und wissenschaftlicher Leiter der Institut für Marketing und Trendanalysen GmbH, Gutau/OÖ

Der Trend zum dreidimensionalen Denken und Handeln innerhalb der EU

- ★ Der Trend zur Work-Life-Nature-Balance
- ★ Der Trend zur Informations-, Wissens- und Umsetzungsgesellschaft
- ★ Der Trend zum dreidimensionalen Kunden

Der Trend zum dreidimensionalen Denken und Handeln in der EU

Das menschliche Denken ist seit Jahrhunderten durch ein plakatives zweidimensionales geprägt. Renommierte Gehirnforscher, Mediziner und Psychologen führen dies auf unsere zwei Gehirnhälften zurück, die unsere Gedankenarbeit in Schwarz-Weiß-Kategorien bzw. in bekannte und beliebte Gegensatzpaardenkmuster lenken. Beispiele dafür sind das Denken in Gut oder Böse, heiß oder kalt, Mann oder Frau, im Wetterbereich in Hoch und Tief etc. In der jungen Vergangenheit wurde das zweidimensionale Denken der Menschen sehr oft durch die Politik und das Marketing negativ getoppt. Eindimensionale Botschaften wie z.B. „Es müssen neue Arbeitsplätze geschaffen werden." oder „Die Arbeitslosigkeit muss gesenkt werden." oder im Handelsmarketing „Die Kunden wollen Erlebniskauf, daher müssen Handelsbetriebe auf Erlebniskauf, Erlebniskauf und nochmals Erlebniskauf setzen", prägten die Medienberichterstattung und damit auch sehr stark das gesellschaftliche, wirtschaftliche und politische Denken der Mehrheit.

Bleiben wir bei dem Beispiel des Erlebniskaufes. Sehr viele Handelsunternehmen investierten große Geldsummen in Ladenbau, Beleuchtung und Modernisierung ihres Geschäftes, um den Kunden den sogenannten Erlebniskauf zu bieten. Nur wenige, nämlich die Shoppingcenters, konnten aus diesem Titel Profit ziehen. In den meisten Fällen wurden die Kunden von dem nicht mehr authentischen Auftritt vieler Handelsgeschäfte eher irritiert. Die überproportional üppig gewordene Erlebniskaufatmosphäre verursachte zwar für die Unternehmer hohe Investitionskosten, aber der nachhaltige Erfolg blieb aus, da sich die Kunden nicht mehr wohl fühlten.

Diese Entwicklung hinterließ insbesondere bei KMUs zum Teil fatale betriebswirtschaftliche Spuren. Autohändler mussten aufgrund der Vorgaben der Industrie in nahezu Fünf-Jahres-Intervallen neue und noch repräsentativere Schauräume und Verkaufssalons errichten, die entweder die Abhängigkeit vom Lieferanten weiter erhöhten oder in den wirtschaftlichen Verderb führten. Metzger bzw. Fleischer verlegten anstelle des herkömmlichen Fliesenbodens Marmorböden im Verkaufsraum, um so die Kunden mit dem vermeintlichen Erlebniskauf zu beglücken. Dies führte zu der Interpretation, dass der Metzger vor Ort abgehoben hätte bzw. so viel Geld verdiente, dass der Kunde nicht mehr bereit war, weitere Käufe in dem Maße zu tätigen, wie es der Unternehmer aus der Vergangenheit gewohnt war. Handwerksbetriebe investierten überproportional viel Geld in Schauräume, um ihre Dienstleistungen besser präsentieren zu können. Für alle drei vorher beschriebenen Gruppen gilt, dass das Fixkostenpaket aufgrund der enormen Investitionen, die das einzelne Unternehmen im Rahmen des Erlebniskaufes vollzog, entweder die Margen massiv nach unten drückte oder die Abhängigkeit gegenüber den Lieferanten signifikant erhöhte. So kamen zuvor erfolgreiche Unternehmen durchaus ins Wanken.

High geht und Low geht. Hochwertige Waren werden gekauft und Discounter-Angebote florieren. Durchschnittliche Qualität zum mittleren Preis ist dagegen in der Zwickmühle.

Günter Deppisch, Geschäftsführer der Bäcker-Innung München

Umso erfreulicher ist die derzeit erkennbare Trendwende. Eine immer größer werdende Anzahl von Menschen und Unternehmern insbesondere in der Europäischen Union wendet sich vom ein- und zweidimensionalen Denken und Handeln ab und entwickelt sich in die wertvolle Dreidimensionalität.

Diese sehr positive 3D-Entwicklung gilt in dieser Intensität nicht für die USA, da hier oberflächliches Denken und Handeln ein spezielles Charakteristikum ist. China wiederum will aus einer anderen Motivlage heraus nur ein- und zweidimensionales Denken und Handeln von ihrer 1,3 Milliarden großen Bevölkerung, denn alles 3-Dimensionale würde das politische System gefährden.

Folgende drei substanzielle Trends werden sich bis 2015 innerhalb der Europäischen Union manifestieren. Der Trend zur Work-Life-Nature-Balance, der Trend zur Informations-Wissens-Umsetzungsgesellschaft sowie der Trend zum dreidimensionalen Kunden.

Nachfolgend dazu die wesentlichen Ausführungen.

Der Trend zur Work-Life-Nature-Balance

Dass seit den 90er-Jahren die zweidimensionale Denke von Work-Life-Balance unsere Leistungsgesellschaft signifikant verändert hat, ist nachvollziehbar. Ein guter und sicherer Job wurde mehr denn je zum Statussymbol, aber der Wunsch, in eine Top-Führungsposition aufzusteigen, wurde durch den Wunsch, die private Lebensqualität genießen zu können, zum Teil diametral gebremst. Im Falle eines Karrieresprungs wurde die damit verbundene Lohnerhöhung als zweiter Hauptanreiz in sehr vielen Fällen wirkungslos. Immer öfter mussten Personalchefs die Antwort der potenziellen Nachwuchskraft hören: „Ja, aber ...“ oder „Leider, nein ...“. Der größte Konkurrent im Besteigen der Karriereleiter und der damit verbundenen Job-Enrichment- und Job-Enlargement-Entwicklung war und ist das Ziel, die private Lebensqualität mehr denn je genießen zu wollen. Hinzu kommt, dass der Anreiz, mehr Lohn für einen verantwortungsvolleren Job zu erhalten, an Bedeutung verliert, da insbesondere in der obersten und oberen Mittelschicht sich der Grenzwert des Geldes immer deutlicher zeigt.

Die Generation der Erben beginnt zusätzlich ihre Spuren in unserer Leistungsgesellschaft zu ziehen. Auch das frei verfügbare Einkommen, das aus einer Partnerschaft von zwei gut Verdienenden insbesondere aus der A-, B-, C1-Schicht resultiert, wo oft nur ein Kind zu finanzieren ist, wird neue immaterielle Wertesysteme nach sich ziehen.

Hinzu kommt, dass insbesondere die Frauen im Alltagsleben vom männlichen Geschlecht mehr Aktivitäten einfordern. War es zu Beginn der 90er-Jahre noch ausreichend, alle ein bis zwei Monate ein gemeinsames Event, sei es eine Theater- oder Musical-Vorstellung, zu besuchen, liegt das Anspruchsniveau der Frau heute wesentlich höher. Für eine partnerschaftsorientierte gute Lebensqualität wird von weiblicher Seite eine attraktive gemeinsame Aktivität alle ein bis zwei Wochen erwartet. Nachdem der Genuss- und Lustanspruch, der primär vom weiblichen Geschlecht kommt, tendenziell auch stärker auf die Männer überspringt, muss der Job daher ein Zeitfenster bieten, das eine anspruchsniveauorientierte private Lebensqualität ermöglicht.

Der zweidimensionale Trend zur Work-Life-Balance zu Beginn des dritten Jahrtausends wird ab 2010 mit der Hinzufügung der Nature-Ebene in eine noch spannendere Dreidimensionalität übergeführt. Mehr von der Natur haben zu wollen, diese auch aktiv zu schützen, mehr von der Welt zu sehen und dies mit Job und Lebensqualität zu verknüpfen, heißt das qualitative Lebensprimat bis 2015. Work und Life wird durch die dritte Dimension Nature unter besonderer Berücksichtigung des Trends zum aktiven Klimaschutzbeitrag substanziell bereichert.

All jene sehr gut und gut ausgebildeten Menschen, die in der Europäischen Union die Selbstverwirklichung ihrer Work-Life-Nature-Balance als zu gering erachten, werden eine starke Auswanderungstendenz vollziehen. Hauptbetroffen sind davon die geistige Elite und die qualifizierten Facharbeiter, die in Schwellen- und Entwicklungsländern nahezu verehrt werden, jedoch keinesfalls zur Nummer 08/15 zählen.

Allein im Jahr 2005 wanderten aus Deutschland rund 160.000 Menschen, meist sehr gut qualifizierte, aus. Dieser Wert ist der höchste, den die deutsche Volkswirtschaft jemals verzeichnet hat. Im Folgenden die drei Gründe, die für diese Entwicklung mehrheitlich verantwortlich sind bzw. waren:

Die Ausbildungsqualität der Deutschen, ebenso der Österreicher, Holländer, Norditaliener, wird im Ausland hoch geschätzt, da diese zu den best-of zählen. In Dubai, China oder Russland, um nur drei Beispiele zu nennen, werden unsere Landsleute aufgrund ihres exzellenten Ausbildungsniveaus nicht nur mit offenen Händen empfangen, sondern auch überproportional gut entlohnt. Gute Verträge bieten für die auswanderungswilligen ein profundes Sicherheitsnetz.

Der zweite Motivator heißt, Neues zu entdecken und sich bei hohem Ansehen im neuen Land selbstverwirklichen zu können. Ziel ist es, eine größere intrapersonale Harmonie auf der Basis von Work-Life-Nature erleben zu können.

Das dritte Argument ist ein aus der Ausbildung und der beruflichen Erfahrung abgeleitetes. So weiß man, dass deutsche Führungskräfte in ihrer Arbeit qualitativ glänzen, wenn es darum geht, Umstrukturierungen, Rationalisierungen, Sanierungen bzw. Optimierungen vorzunehmen. Hier ist die Leistung und die Erfolgswahrscheinlichkeit von deutschen Führungskräften sehr hoch. Gerade dies brauchen die nicht so hoch entwickelten Länder. Würde man im Ausland bahnbrechende

Innovationen, die Mut- und Risikobereitschaft in hohem Maße fordern, wünschen, sind eher österreichische oder holländische Führungskräfte zu rekrutieren, da diese dafür bessere Voraussetzungen mitbringen.

Grundsätzlich gilt, dass der Trend zur Dreidimensionalität von Work, Life und Nature ein großartiges Chancenpotenzial in sich birgt, eine neue Nachhaltigkeit in unserer Wirtschaft, Gesellschaft und auch Politik zu initialisieren. All jene Menschen, die der Auffassung sind, dass dieser Lebensstil innerhalb der Europäischen Union wenig oder kaum gelebt werden kann, werden sich ins Ausland absetzen oder neue Rahmenbedingungen im Heimatland einfordern. Da aber gerade die politischen Weichenstellungen insbesondere unter der Federführung von Angela Merkel stark in Richtung Work-Life-Nature-Balance ausgerichtet werden, ist hier ein erfreulicher Trend zurück zur Region bzw. ins Heimatland feststellbar. Der Großteil der geistigen Elite Europas wird versuchen, diesem Trend gerecht zu werden und vermehrt das Kernland EU stärken wollen. Die Abwanderer, die wiederum tendenziell weniger werden, werden die besten Werber für die EU im Allgemeinen und für das Heimatland im Besonderen sein.

Der Trend zum dreidimensionalen Kunden

Die neue KISS-Intelligenz „keep it simpel and straight" der Kunden stellt die Basis für den neuen dreidimensionalen Kunden dar. Auch hier gilt: Die von der Wirtschaft oft sehr geschätzte ein- und zweidimensionale Denk- und Handelsweise der Kunden ist passé. Dreidimensionales Denken und Handeln bei Kaufentscheidungen kommt und wird viele Marketingkonzepte in der Wirtschaft auf eine neue Plattform stellen, sofern das jeweilige Unternehmen erfolgreich bleiben oder noch erfolgreicher werden will.

Zwei Beispiele dazu, die diese Trendwende deutlich machen. Die „Geiz ist Geil"-Mentalität zählt ebenso zum Auslaufmodell, wie der Slogan der größten Supermarktkette der Welt, von Walmart, der da hieß: „Always little prices. Always." Dieser wurde aus gutem Grund ersetzt durch „Save money. Live". Nicht nur Walmart, sondern auch alle Diskonter und die preisaggressiven Handelsketten mit ihren Marketingkonzepten und Werbeauftritten müssen zur Kenntnis nehmen, dass der billigste Preis immer weniger Bewunderung bei den Kunden nach sich zieht, sondern ein immer größeres Misstrauen schafft. Der billigste Preis führt aus der Sicht des neuen 3D-Denkens der Kunden zur Umweltzerstörung, zur Verarmung der Dritten Welt und zu einer immer stärkeren Qualitätseinbuße. Dies betrifft die stark steigende Anzahl von Lebensmittelskandalen in den USA ebenso wie krebserregende Stoffe aus den Billigstproduktionsländern, die in manchen Textilien vorzufinden sind.

Der Trend zum dreidimensionalen Kunden wird für viele Unternehmen in der Wirtschaft die Notwendigkeit eines Relaunches im Marktauftritt notwendig machen. Die europäischen Kunden zählen durch ihr 3D-Konsumverhalten zu den weltweiten Trendsettern und wollen folgende Triade erfüllt wissen.

Die 3D-Kundenverhaltens-Triade

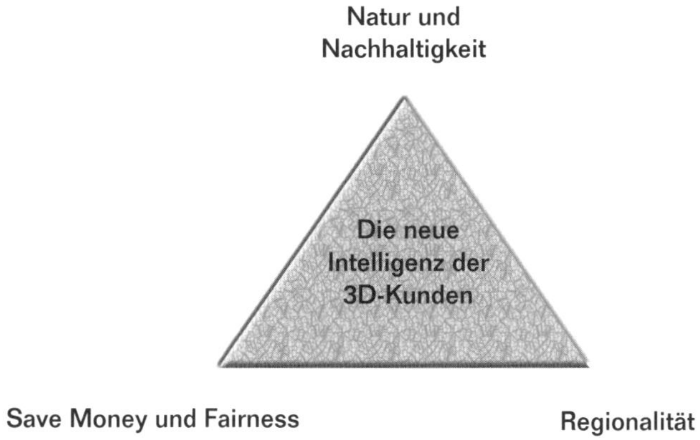

Die neue Intelligenz der dreidimensionalen Kunden zielt darauf ab, dass sie einen fairen Preis für ihre Produkte bzw. Dienstleistungen bezahlen möchten und gleichzeitig Geld sparen wollen. Frei nach dem amerikanischen Motto: „Be fair and save money". Oder wie wir sagen würden: „Leben und leben lassen." Fair Trade oder die faire Milch sind nur zwei plakative Beispiele dafür.

Das Gesetz der Nachhaltigkeit muss in Produktion und Handel deutlicher berücksichtigt und herausgestrichen werden, als es in der Vergangenheit passierte. Die Natur zu schonen bzw. bestmöglich zu pflegen, ist ein absolutes Primat. In Wäldern sollen nur so viele Bäume pro Jahr geschlagen werden, wie im selben Zeitraum auch nachwachsen können. Dieses Nachhaltigkeitsgesetz aus der Forstwirtschaft wird der substanzielle Leitsatz für die Wirtschaft werden Bezug nehmend auf den 3D-Kunden im Bereich Natur und Nachhaltigkeit.

Der dreidimensionale Kunde will auch in Zukunft mehr denn je Produkte und Dienstleistungen aus der Region kaufen bzw. beziehen. Die Kunden werden Angebotsformen beispielsweise im Lebensmittelhandel immer kritischer sehen, wenn z. B. im Sommer Pfifferlinge bzw. Eierschwammerl aus China angeboten werden, wo die gleichen Pilze zur selben Zeit auch in Europa verfügbar sind. Frische Kirschen aus Chile und Brasilien, die den Weihnachtstisch früher kulinarisch bereichert haben, werden zukünftig mehrheitlich aufgrund des neuen Werterasters der 3D-Kunden gemieden bzw. abgelehnt werden. Der Trend zur Region wird umso stärker, je mehr Innovationskraft, Tradition und persönliche Nähe durch die regionale Wirtschaft vermittelt werden.

Unseren nachfolgenden Generationen gegenüber haben wir die Verantwortung zu tragen, Energie einzusparen, sinnvoll einzusetzen und fossile sowie atomare Energieformen durch erneuerbare Energie zu ersetzen.

Uwe Kroiss, Unternehmensleiter der Uwe Kroiss Energiesysteme, Kirchberg/Thening

Der Trend zur Informations-, Wissens- und Umsetzungsgesellschaft

Die modernen und die höher entwickelten Gesellschaften in den USA, Europa und Japan werden heute gerne als Informations- und Wissensgesellschaft bezeichnet. Diese 2D-Betrachtung wird in Zukunft auch hier um eine dritte Dimension erweitert. Information und Wissen sind das eine, jedoch aber nur sinnvoll und wertvoll, wenn die Erkenntnisse daraus auch in eine konkrete Umsetzung führen.

Bereits heute werden von den objektiv verfügbaren Informationen nur mehr 3 % wahrgenommen. 97 % gehen sozusagen den Bach hinunter. Die Vielzahl von Kommunikations- und Informationskanälen hat zum klassischen Information-Overload geführt, der sich zukünftig weiter fortsetzen wird. Die sogenannte Wissensgesellschaft wird wiederum von neuesten Forschungsergebnissen förmlich überschwemmt. Von den 100 % Wissenschaftern, die jemals auf unserem Globus lebten, arbeiten heute 78 %. Auch hier gilt: Die Wissensgesellschaft wird ihren Output weiter erhöhen. Die Frage heißt primär daher nicht: „Wie können wir mehr Wissen generieren?", sondern: „Welches vorhandene Wissen kann zu einem gesellschaftlichen und wirtschaftlichen Fortschritt führen?"

Fakt ist, dass in der Vergangenheit die Informations-, aber auch die Wissensgesellschaft sehr oft singulär betrachtet wurde, nahezu so, als ob es keinen kausalen Zusammenhang zwischen diesen beiden Bereichen geben würde. Dieser Gedanken- und Interpretationsfehler setzte sich dahingehend fort, dass die Frage nach der Umsetzung der vorhandenen Informationen und des Wissens in die Praxis kaum gestellt wurde.

Die Informations-, Wissens-, und Umsetzungsgesellschaft erwartet sich bis 2015 insbesondere in Europa eine stärkere Umsetzungskomponente der wesentlichen und substanziellen Informationen und Ergebnisse, die aus der Wissensarbeit hervorgehen.

Die Öffentlichkeit will einen roten Faden zwischen Information, Aufnahme und Selektion, der wiederum in Wissen transferiert werden muss und in konkrete Umsetzungen überführen soll, sehen. Falls bei der Umsetzung ein Flop passieren würde, wird die 3D-Gesellschaft in Europa eine höhere Toleranz dazu entwickeln. In Europa wird eine neue und konstruktive Flopkultur entstehen, ähnlich derer, die es in den USA seit vielen Jahrzehnten schon gibt.

Der Trend zum nachhaltigen Unternehmenswachstum mithilfe des neuen EMI-Modells

★ EMI steht für Effizienzsteigerung, Markterweiterung und Innovationspolitik

★ Fallstudie Außendienstaufbau in Polen inklusive systematischer Steuerung des Vertriebes

Das neue EMI-Modell steht für nachhaltiges Unternehmenswachstum

Neueste Studien belegen, dass die besten und erfolgreichsten Unternehmen auf drei Meilensteine in der strategischen und firmeninternen Ausrichtung setzen und dabei folgende Rangreihung berücksichtigen. Neben der Aufspürung von wesentlichen Trends, die unsere Wirtschaft, Gesellschaft und Politik verändern, gilt es, drei Schritte im EMI-Modell zu berücksichtigen, um zu den Best-of zu zählen. An erster Stelle steht die Effizienzsteigerung im Unternehmen, an zweiter die Markterweiterungsstrategie und an dritter Stelle die Entwicklung und Umsetzung von Innovationen. Nachfolgend eine kurze Beschreibung zu den drei Schritten, die im Rahmen des EMI-Modells notwendig sind.

Wer in Bilanzen Herzen und in Herzen Bilanzen erkennen kann, weiß schon fast, wie Wirtschaft wirklich funktioniert.

Wolfgang Grüneis, Manager der Rübig Unternehmensgruppe, Wels

Schritt 1: Steigern Sie die Effizienz in Ihrem Unternehmen! Erkenntnisse und Empfehlungen

1. Setzen Sie auf Benchmarks der neuen Generation. Wenn Ihr Unternehmen heute zwischen 1 und 3 % Gewinn p.a. vor Steuern erwirtschaftet und Sie damit im oder über dem Branchendurchschnitt liegen sollten, geben Sie sich damit nicht wirklich zufrieden. Das Gewinnziel wird spätestens 2010 in sehr vielen Betrieben und Branchen heißen: Erfolgreiche Companies erwirtschaften jährlich 10 % Gewinn auf Basis des Jahresnettoumsatzes vor Steuern.

2. Entwickeln Sie mit Ihren Führungskräften ein Modell, das Ihr Unternehmen bis 2010 um 30 % produktiver macht. Die Produktivitätssteigerung Ihres Unternehmens sollte dabei auf zwei Schienen gestellt werden. Reduktion der firmeninternen Kosten um 10 % innerhalb von drei Jahren bei gleichzeitiger Stabilisierung der Energie- und Rohstoffkosten. Zusätzlich sollten die Preise im Kerngeschäft bei den bestehenden Produkten in den drei Folgejahren um rund 20 % gesteigert werden. Dadurch soll eine konsequente Mehrwertstrategie, wofür die steigenden Rohstoff- und Energiekosten eine taugliche Plattform bilden, unterstützt werden.
3. Konzentrieren Sie sich bei der Effizienzsteigerung auf das Wesentliche und auf die Erkenntnisse des Paretoprinzips. Mit 20 % der Kostenstellen bzw. -träger werden im Durchschnitt 70 % der Gesamtkosten im Unternehmen verursacht. An dieser Schraube zu drehen, erzeugt Wirkung.
4. Stellen Sie sich aufs Neue die Frage, ob bestehende Kooperationen nicht optimiert oder ausgeweitet werden sollen. Ihr Kerngeschäft und Ihre Kernkompetenzen im Unternehmen müssen firmenintern bleiben und dürfen nicht ausgelagert werden. Definieren Sie Ihr Kerngeschäft und Ihre Kernkompetenzen nochmals unter besonderer Berücksichtigung der 12 Mega-Trends. In weiterer Folge macht es Sinn, zu überdenken, ob Randbereiche des Unternehmens, die nicht zum Kerngeschäft zählen, nicht doch besser ausgelagert werden sollen oder in Form von Kooperationen effizienter durchgeführt werden können. Lassen Sie in jedem Fall bei neuen Kooperationen besondere Vorsicht walten, denn 50 % floppen und nur 50 % funktionieren.

5. Denken Sie bitte zusätzlich an die Drei-Drittel-Regel. Effizienzsteigerung des Unternehmes kann ein Drittel zum nachhaltigen Erfolg und zur Wachstumsstrategie beitragen. Das zweite Drittel muss aus Innovationen kommen, das dritte Drittel soll durch eine Markt- bzw. Kundenerweiterungsstrategie abgebildet werden.

Schritt 2: Die Markterweiterungsstrategie im EMI-Modell

Innerhalb der EU haben immer mehr Betriebe die beachtlichen Wachstumschancen in den osteuropäischen Beitrittsländern entdeckt bzw. werden diese erkennen. Nachdem in den neuen Ländern das Wirtschaftswachstum überproportional hoch ist, mehrheitlich in den Städten und der urbanen Peripherie stattfindet und ein klassischer Käufermarkt vorliegt, ist eine Markterweiterung im Rahmen einer nachhaltigen Wachstumsstrategie des Unternehmens eine substanzielle Option nicht nur für Konzerne, sondern auch für KMUs.

Im Folgenden finden Sie ein Fallbeispiel aus Polen, das sehr kompakt aufzeigt, wie ein Unternehmen einen Außendienst im bevölkerungsreichsten Land der osteuropäischen Beitrittsstaaten aufbauen kann. Die richtige rechnerische Ermittlung der Anzahl der Außendienstmitarbeiter, die im Vertrieb für dieses weitläufige Land mit rund 40 Mio. Bewohnern notwendig sind, steht dabei im Vordergrund der Ausführungen. Zusätzlich werden Kennziffern zur systematischen Steuerung des Außendienstes aufgezeigt.

Fallstudie Außendienstaufbau in Polen inklusive systematischer Steuerung des Vertriebes

Die Geschäftsführung beauftragt den Marketing- und Vertriebschef eines deutschen Parfümerieerzeugungsbetriebes, einen schlagkräftigen Außendienst für den größten Beitrittsmarkt der EU seit 1.1.2004, nämlich Polen, aufzubauen. Die Geschäftsführung wünscht sich als Entscheidungsgrundlage die richtige Anzahl der Außendienstmitarbeiter, die für Polen notwendig sind, präsentiert zu bekommen. Des Weiteren sollen ausgewählte Vertriebskennziffern zur systematischen Außendienststeuerung der Geschäftsleitung, die die Basis eines Vertriebscontrollings darstellen, aufgezeigt werden.

Über Marktforschungsinstitute sowie sekundärstatistische Daten verfügt die Marketing- und Vertriebsleitung über folgendes Faktenmaterial.

Allgemeine Informationen zum Länderprofil Polen

Das bevölkerungsreichste Land, das am 1. Mai 2004 der Europäischen Union beigetreten ist, hat rund 38,6 Mio. Menschen, Stand 2007. Warschau als Hauptstadt zählt rund 1,64 Mio. Bewohner. Die Gesamtfläche dieses Landes zeichnet sich durch 312.685 km^2 aus. Das jährliche Wirtschaftswachstum beträgt 5 bis 7 %. Die Inflation ist moderat bei etwa 1 bis 2 %. Die Arbeitslosigkeit liegt bei rund 15 %. Die bedeutenden Wirtschaftssektoren sind: verarbeitende Industrie, Nahrungs- und Genussmittel, Maschinenbau, Elektrotechnik, chemische Industrie, Fahrzeug- und Metallindustrie, Möbelindustrie sowie mineralische Rohstoffe wie Steinkohle, Schwefel, Kupfer und Silber, aber auch Telekomunikation und IT sowie Handel und Finanzdienstleistungen und die Landwirtschaft.

Spezielle Informationen zur Fallstudie Polen

In Polen gibt es rund 4.590 Parfümerien und Drogerien. Die Anzahl der Geschäfte und Outlets pro Region ist aufgrund von Marktforschungsergebnissen wie folgt bekannt:

> Gdansk 275 Parfümerien, Stetin/Koszalin 82 Parfümerien, Bydgoszcz 180 Parfümerien, Kamyk/Czestochowa 300 Parfümerien, Katowice 296 Parfümerien, Krakow 420 Parfümerien, Lodz 420 Parfümerien, Opole 150 Parfümerien, Poznan 490 Parfümerien, Warschau 240 Parfümerien, Wroclaw 350 Parfümerien, Rzeszow 200 Parfümerien, Zielona-Gora 214 Parfümerien, Lublin 335 Parfümerien, Bialystok 175 Parfümerien, Bytom 70 Parfümerien, Kielce 151 Parfümerien, Olsztyn 238 Parfümerien, somit gesamt 4.586 Parfümerien.

Die Marketing- und Vertriebsleitung reist persönlich 14 Tage lang nach Polen, erkennt, dass der Vertrieb der Produkte primär über den Direktverkauf der einzelnen Outlets funktioniert. Das POS-Material muss von den Reisenden vor Ort übergeben und aufgestellt werden. Gratismuster müssen als kleine Aufmerksamkeit den Verkäuferinnen persönlich überreicht werden. Eine Handelskonzentration, wie aus dem Westen bekannt, existiert in Polen kaum. Die Rolle des Großhandels ist relativ unbedeutend in dieser Branche.

Lösen Sie diese Aufgabe, treffen Sie dazu Annahmen, die stimmig und schlüssig sind und präsentieren Sie ausgewählte Kennziffern zur systematischen Außendienststeuerung. Von Marketing-Vertriebskollegen aus anderen Branchen wissen Sie, dass nur straff geführte Außendienstmodelle in Osteuropa funktionieren. Gehen Sie strategisch an die Fallstudie heran und treffen Sie Annahmen, die plausibel sind, bzw. holen Sie additive Informationen ein.

Hinweise zur Lösung der Fallstudie Außendienstaufbau Polen inklusive systematischer Steuerung des Vertriebes

Folgendes Wissen und Erkenntnisse sind für eine erfolgreiche Aufgabenbewältigung notwendig.

1. Zur Ermittlung der optimalen Außendienstmitarbeiteranzahl ist folgende Formel zu verwenden.

$$\text{Ideale Außendienstmitarbeiterzahl} = \frac{\text{Zahl der Kunden x Besuchsfrequenz}}{\text{Tagesbesuchsrate x Zahl der Arbeitstage}}$$

2. Die Nettoanzahl der Arbeitstage liegt pro Jahr bei 200 Tagen.
3. Das einzelne Parfümeriegeschäft ist im Durchschnitt einmal pro Monat von Außendienstmitarbeitern zu besuchen, da bei einer geringeren Frequenz das Produkt nicht promotet wird.
4. Es ist mit einer Fahrleistung pro Jahr von ca. 50.000 Kilometern pro Reisenden zu rechnen. Aufgrund der geografischen Größe Polens ist trotz Gebietsauf- und -zuteilung eine Besuchsfrequenz von sieben Kunden pro Tag möglich.
5. Die Netto-Gesprächszeit pro Kunde beträgt rund 20 Minuten.
6. Die Kaufkraft ist in den großen Städten Polens konzentriert sowie im Norden, Westen und Süden. Der Osten Polens leidet unter signifikanter Kaufkraftschwäche.
7. Das Pareto-Prinzip ist in Polen in seinen Grundgesetzmäßigkeiten nur begrenzt gültig. Die adaptierte Erkenntnis dazu heißt, dass mit 20 % der leistungsfähigsten Parfümeriegeschäfte rund 45 % des gesamten Umsatzvolumens abgedeckt werden.

8. Das Verhältnis numerische Distribution, also Anzahl der Geschäfte, zur gewichteten Distribution als Anteil der Umsatzabdeckung liegt in Polen bei 35 bis 55 % numerischer Distribution, wenn das Ziel eine 75%ige gewichtete Distribution ist.

Mit diesem Wissen und diesen Erkenntnissen ausgestattet, ermitteln Sie bitte Bezug nehmend auf die Anzahl der Geschäfte/Outlets pro Region nunmehr die realistische und richtige Anzahl von Reisenden für Polen.

Nachfolgend finden Sie die diesbezügliche rechnerische Lösung der Fallstudie vom Institut für Marketing und Trendanalysen.

Selektion der Grundgesamtheit nach dem Pareto-Prinzip

	gesamt	Numerische Distribution	Gewichtete Distribution	Anzahl der zu besuchenden Outlets *
1. Gdansk	275	50 %	75 %	138
2. Stetin/Koszalin	82	50 %	75 %	41
3. Bydgoszcz	180	40 %	75 %	72
4. Kamyk/Czestochowa	300	35 %	75 %	105
5. Katowice	296	45 %	75 %	133
6. Krakow	420	40 %	75 %	168
7. Lodz	420	35 %	75 %	147
8. Opole	150	35 %	75 %	53
9. Poznan	490	35 %	75 %	172
10. Warschau	240	55 %	75 %	132
11. Wroclaw	350	35 %	75 %	123
12. Rzeszow	200	30 %	75 %	60
13. Zielona-Gora	214	35 %	75 %	75
14. Lublin	335	30 %	75 %	101
15. Bialystok	175	30 %	75 %	53
16. Bytom	70	45 %	75 %	32
17. Kielce	151	35 %	75 %	53
18. Olsztyn	238	35 %	75 %	83
Gesamt	**4.586**	**38 %**	**75 %**	**1.741**

Rechnerische Ermittlung der einzusetzenden Anzahl von Reisenden in Polen

	Anzahl der zu besuchenden Outlets *	Besucher-frequenz	Tagesbesuchs-rate	Arbeits-tage	Reisenden-anzahl pro Region
1. Gdansk	148	12	7	200	1,3
2. Stetin	41	12	7	200	0,4
3. Bydgoszcz	82	12	7	200	0,7
4. Kamyk	105	12	7	200	0,9
5. Katowice	133	12	7	200	1,1
6. Krakow	180	12	7	200	1,5
7. Lodz	160	12	7	200	1,4
8. Opole	53	12	7	200	0,5
9. Poznan	172	12	7	200	1,5
10. Warschau	150	12	7	200	1,3
11. Wroclaw	133	12	7	200	1,1
12. Rzeszow	60	12	7	200	0,5
13. Zielona-Gora	75	12	7	200	0,6
14. Lublin	110	12	7	200	1
15. Bialystok	60	12	7	200	0,5
16. Bytom	32	12	7	200	0,3
17. Kielce	53	12	7	200	0,5
18. Olsztyn	83	12	7	200	0,7
	1.830	**12**	**7**	**200**	**16**

Aufteilung der Reisenden nach Regionen
Qualitative und quantitative Ermittlung

Nr.	Regionen		Anzahl der Reisenden	Wichtige Städte in der Region
1.	Nord 1	Gdansk	1	Gdansk, Gdynia, Sopot, Elblag
2.	Nord 2	Stetin	1	Stetin, Koszalin, Stupsk, Gorzow
3.	Nord 3	Olsztyn	1	Olsztin, Bialystok
4.	Mitte 1	Warschau	2	Warschau
5.	Mitte 2	Lodz	2	Lodz, Piotrkow, Tomaszow
6.	Mitte 3	Poznan	1	Poznan, Gniezno, Pita
7.	Mitte 4	Bydgoszcz	1	Bydgoszcz, Torun, Inowroclaw
8.	West 1	Zielona Gora	1	Zielona Gora, Legnica
9.	Südwest 1	Wroclaw	1	Wroclaw, Swidnica, Walbrzych
10.	Südost 1	Rzeszow	1	Rzeszow, Tarnow, Przemysi
11.	Süd 1	Krakow	2	Krakow, Nowahuta, Kielce
12.	Süd 2	Katowice / Bytom	2	Katowice, Bytom, Sosnowiec, Chorzow, Guwice, Bielsko-Biaca
13.	Süd 3	Opole / Kamyk	1	Opole, Czestochowa, Kamyk
	13 Regionen		**17**	**> 45 Großstädte**

Ergebniskommentar

Aufgrund der gewählten Methodik, der Nutzung des vorhandenen Wissens und der Erkenntnisse kann die Marketing- und Vertriebsleitung der Geschäftsführung empfehlen, in den 13 definierten Regionen, die Gesamtpolen abdecken, 17 Reisende einzusetzen.

Um das Risiko und auch den Ressourceneinsatz zu begrenzen, könnte eine weitere Empfehlung der Marketing- und Vertriebsleitung sein, nur die kaufkräftigsten Regionen Polens in einer ersten Welle per eigenem Außendienst zu akquirieren. Diese sind die Regionen Mitte 1 Warschau, Mitte 2 Lodz, die alten Hansestädte Danzig und Stetin mit Region Nord 1 und Nord 2 sowie Krakow Region Süd 1 sowie West 1 Zielona Gora und Südwest 2 Wroclaw.

Dadurch würde sich die Anzahl der notwendigen Außendienstmitarbeiter von 17 auf 10 verringern. In einer zweiten Welle sollte, sofern der erste Akquisitionsschritt erfolgreich war, die weißen Distributionslücken in Polen geschlossen werden.

Selbst die intelligenteste High-tech-Innovation wird nicht leugnen können, dass sie das WERK einer HAND ist.

Florian und Helmut Costa, Geschäftsführer der Costa Finanzconsulting GmbH, Linz

* Hinweis zu den Tabellen auf Seite 173 und 174:
Die Anzahl der zu besuchenden Outlets auf Seite 174 wurde durch lokale Marktforschungserkenntnisse und qualitative Informationen Bezug nehmend auf die rein rechnerische Ermittlung in einzelnen Regionen geringfügig verändert.

Systematische Führung des Außendienstes mit 15 kompakten Kennziffern

Marktforschungsergebnisse und Kennziffern machen nur dann Sinn, wenn man diese mit Referenzwerten, die quasi als Benchmarks dienen, vergleichen kann. Für die systematische Führung des Außendienstes gilt dies ebenso. Die Anzahl der Reisetage vom Reisenden A wird erst dann aussagekräftig, wenn diese mit den Reisetagen von anderen Außendienstmitarbeitern verglichen werden. Gleiches gilt für die Anzahl der Kunden, die besucht werden, oder für die Aufträge, die pro Reisetag geschrieben werden.

Gleiches gilt für den Gesamtumsatz in Euro, der wiederum pro Gebiet und pro Reisenden zu vergleichen ist, ebenso wie der durchschnittliche Umsatz pro Besuch bzw. Auftrag.

Die nachfolgenden Kennziffern zur systematischen Führung des Außendienstes sind daher in eine Tabelle zu transportieren, mit dem Ziel, die jeweiligen Außendienstmitarbeiter in ihren Leistungsspektren gegenüberzustellen. Mehr als 15 Kennziffern sind für die systematische Führung eines Außendienstes nicht notwendig, da es ansonsten firmenintern zu einer Informationsüberladung kommt und der Bürokratieaufwand für die Reisenden zu groß wird. Studien belegen, dass die besten Verkäufer und Außendienstmitarbeiter sich am meisten bestraft fühlen, wenn sie sich mit formalen und bürokratischen Arbeiten beschäftigen müssen.

Nachfolgend die diesbezüglichen 15 kompakten Kennziffern zur systematischen Außendienststeuerung:

- Anzahl der Reisetage pro Außendienstmitarbeiter
- Zahl der Kunden, die ein Außendienstmitarbeiter hat
- Besuche insgesamt p.a., die ein Reisender leistet

- Anzahl der Aufträge, die der Reisende umsetzt
- Gesamtumsatz in Euro pro Reisenden
- Gefahrene Kilometer pro Jahr
- Lohnkosten inklusive Nebenkosten
- Anzahl der Besuche pro Reisetag
- Aufträge/Reisetag
- Umsatz/Besuch
- Umsatz/Auftrag
- Kilometer/Reisetag
- Kilometer/Auftrag
- Kosten/Reisetag
- Kosten des Reisenden in Prozent seines erwirtschafteten Umsatzes

Schritt 3: Innovationspolitik – die dritte Ebene für solides Unternehmenswachstum

Zukunftsorientierte Unternehmen achten auf ein ausgewogenes Portfolio. Neben den Stars und Produkten bzw. Dienstleistungen, die zu den Cash-Cows zählen und die durch firmeninterne Effizienzmaßnahmen laufend gepflegt bzw. verbessert werden müssen, sei es durch einen Relaunch oder durch ein face-lifting, haben diese für eine Markterweiterungsstrategie zumeist das beste Potenzial. Innovationen haben die Aufgabe, der Lebenszykluskurve positiv entgegenzuwirken und firmenintern insbesondere für den jungen Produkt- bzw. Dienstleistungsnachwuchs zu sorgen.

Erkenntnisse und Empfehlungen zur Innovationspolitik

1. Das Produkt- und Dienstleistungsportfolio in einem Unternehmen ist dann substanziell richtig aufgestellt, wenn 7 % des Jahresumsatzes im Betrieb mit Innovationen erwirtschaftet werden, die es ein Jahr zuvor im Unternehmen noch nicht gab.
2. Bei absoluten Top-Unternehmen in Europa und den USA liegt der Jahresumsatzanteil von Innovationen bei 30 %. Innovationen, die das Unternehmen in den letzten drei Jahren noch nicht in der Angebotspalette hatte, erwirtschaften 30 % des Jahresumsatzes.
3. Die größten Renditebringer sind bahnbrechende Innovationen. Sie bringen im Durchschnitt rund 20 % Rendite, Produktverbesserungen hingegen nur 6 %.
4. Eine weiterführende Innovationspolitik braucht das klare Bekenntnis und die Rückendeckung seitens der Geschäftsführung. Sie muss ein Teil des Leitbildes der übergeordneten Unternehmensziele sein sowie ein integraler Bestandteil der Unternehmenskultur.

5. Lassen Sie eine Flopkultur im Unternehmen zu. Zwei Drittel der Innovationen, die bahnbrechend sind, laufen schief, ein Drittel schaffen einen Tausend-Gulden-Schuss. Falls Produkte oder Dienstleistungen durch Innovationen optimiert werden, liegt die Trefferquote bei rund 75 %.

   Die Wirtschaftswissenschaft geht davon aus, dass die beste und höchste Lernkurve in einem Unternehmen dann verzeichnet wird, wenn eine Innovation zum durchschlagenden Erfolg wird oder floppt. Ein Flop fördert den Intelligenzquozienten eines Betriebes. Voraussetzung dafür ist, dass derselbe Fehler kein zweites Mal passiert und dass das bestehende Kerngeschäft dadurch nicht gefährdet wird und durch Effizienzmaßnahmen im Sinne des EMI-Modells kontinuierlich verbessert wird.

Die stillen Revolutionen in Europas Wirtschaft, Politik und Gesellschaft

★ Der Trend zu den KMUs wird zur wichtigsten Wirtschaftskonstante bis 2015

★ Die stille Revolution am Kapitalmarkt

★ Der Trend zur neuen Qualität in der Politik

★ Der Trend zur stillen Revolution in der Medienlandschaft und das neue Multitasking

Der Trend zu den KMUs wird zur wichtigsten Wirtschaftskonstante bis 2015

85 % der unternehmerischen Wertschöpfung stammen von Klein- und Mittelbetrieben innerhalb der Europäischen Union. Sie repräsentieren bildhaft gesprochen eine Armada von Schnellbooten der Wirtschaft, die Konzerne bleiben die Flaggschiffe. Es ist nicht mehr eine Entweder-oder-Frage, also ob eine erfolgreiche Volkswirtschaft nur KMUs braucht oder Konzerne, sondern eine Sowohl-als-auch-Frage. Innovative Flaggschiffe, die quasi wie High-tech-Supertanker mit hoher Stabilität durch die mit Sicherheit auftretenden Turbulenzen der Wirtschaft fahren werden, sind ebenso wichtig wie innovative wendige High-speed-Boote, also KMUs, die den größten Beitrag für eine prosperierende Volkswirtschaft leisten.

Welche Kraft die KMUs bereits heute haben, beweisen Beispiele aus der EU-Handwerksbranche. In Deutschland, Österreich und Südtirol gab es 2007 rund 1 Mio. Handwerksbetriebe, die 6 Mio. Menschen beschäftigten und 15 % aller Erwerbstätigen verzeichneten. Rund ein Drittel aller Lehrlinge in der Wirtschaft bilden die Handwerksbetriebe aus. Einen Umsatz von rund 530 Mrd. Euro erwirtschafteten diese KMUs im Jahr 2007. Nicht miteingerechnet sind dabei die Erlöse von Handelsbetrieben, Produktionsbetrieben bzw. sonstigen Dienstleistern, die KMUs betreffen.

In der Vergangenheit gab es zwei Branchen, die zumindest über drei Jahrzehnte ein zum Teil ungerechtfertigtes Schattendasein führen mussten. Zum einen war dies das Handwerk und zum anderen die Landwirtschaft. Beide Branchen werden ab sofort zu den großen Aufsteigern bis 2015 zählen!

Das Handwerk wird zwischen 2012 und 2015 zum größten Arbeitgeber werden.

Die Landwirte werden in den Bereichen, wo sie auf Milchwirtschaft, Wald, nachwachsende Rohstoffe setzen oder das nach Süden ausgerichtete Dach des Bauernhofes für Fotovoltaik-Stromproduktion nutzen oder vermieten, prächtig Geld verdienen können. Der Landwirt der Zukunft wird nicht nur erfreulich höhere Deckungsbeiträge erwirtschaften, sondern auch in der öffentlichen Meinung einen hohen Stellenwert gewinnen.

Unabhängig ob Handel, Dienstleister, Gewerk oder Landwirtschaft, die KMUs werden noch mehr als bisher zu den substanziellen Promotoren der Wirtschaft. Folgende zehn goldene Trend- und Marketingempfehlungen sollten dabei berücksichtigt werden.

Erfolgreiche Menschen erkennt man daran, dass sie öfter aufstehen als niederfallen!

Günther Mairinger, Geschäftsführer der Bildungszentrum Lenzing GmbH, Lenzing

Zehn goldene Trend- und Marketingempfehlungen für die KMUs

1. Erfolgreiche Unternehmen positionieren sich am Markt mit glasklaren Profilen und Kanten. Versuchen Sie in Ihrer Region die Nummer eins zu sein bzw. ihr Profil zu stärken, mit dem Anspruch, dass Ihr KMU einzigartig und unverwechselbar am Markt auftritt!
2. Berücksichtigen Sie bitte die Kernthese 3.5. Stellen Sie sich als Unternehmer/in die Frage, mit welchen drei bis fünf griffigen Argumenten Sie sich am Markt präsentieren und vom Mitbewerb differenzieren möchten.

3. Führen Sie Ihr Kerngeschäft in eine noch höhere Effizienz. Bleiben Sie dabei aber – im Sinne der Theorie von Albert Einstein – ein Unternehmen, das Licht und Wärme versprüht. Unter Wärme versteht man, dass sich die Mitarbeiter und die Chefleute eines Unternehmens überproportional stark um die Kunden kümmern. Das passiert auch in der Praxis mehrheitlich. Licht versprüht dann ein KMU, wenn es innnovativ ist bzw. mit einer starken Dachmarke kooperiert.
4. Sind Sie sich bitte bewusst, dass der persönliche Verkauf in Zukunft weiter an Bedeutung gewinnen wird und Ihr Verkaufs- und Servicepersonal der größte Akquisitionsschatz ist. Bedenken Sie dabei aber auch die Kosten, denn ein einziger Außendienstkontakt bzw. -Besuch kostet im Schnitt 100 bis 300 Euro. Die Abschlussquote im Verkauf muss mindestens zwischen 35 und 50 % liegen.
5. Bedenken Sie bitte, dass 35 bis 45 % des Jahresumsatzes, den KMUs erwirtschaften, durch Empfehlungsmarketing lukriert werden, also von begeisterten Kunden stammen. Ihr Ziel sollte es daher sein, einen Fanclub von Stammkunden zu generieren, die für Ihr Unternehmen begeisternd Werbung machen und durch antizyklisches Direktmarketing oder Überraschungsmarketing systematisch gepflegt werden.
6. Stellen Sie sich als Unternehmer/in die Frage: Wann, wo und wie haben Sie in den letzten 12 Monaten Ihre Kunden begeistert? Die Frage, die noch substanzieller ist, lautet: Mit was und wie wollen Sie Ihre Top-Kunden in den nächsten 12 Monaten begeistern?
7. KMUs brauchen den Mut zur Aufgabenteilung. Die erfolgreichsten Klein- und Mittelbetriebe sind jene, die mit starken Marken

kooperieren, aber gleichzeitig ihren regionalen Unternehmensbezug nicht aufgeben. Beispiele dazu, die dies bestätigen, gibt es zur Genüge. Die erfolgreichsten Handelsfilialen im Sport- und Lebensmittelbereich sind jene, die eine starke Dachmarke nützen und wo gleichzeitig der jeweilige Unternehmer das Geschäft lokal, also vor Ort, betreibt.

8. Bleiben Sie dem Pareto-Prinzip treu und setzen Sie weiterhin auf eine natürliche Risikostreuungsstrategie. Ein Unternehmen sollte maximal 10 bis 20 % Umsatzanteil mit einem Produkt bzw. einem Kunden erwirtschaften.

9. Gehen Sie bitte nicht den Fehler ein, dass Sie meinen, die explodierenden Rohstoff- und Energiepreise firmenintern abfedern zu können. Geben Sie diese Preiserhöhungen kontinuierlich an Ihre Kundschaft weiter und versuchen Sie, dabei zusätzlich Ihren Deckungsbeitrag zu verbessern. Auf keinen Fall darf dieser dadurch geschmälert werden.

10. Setzen Sie auf den Trend zur Green Mission und zeigen Sie mit fantasiereichen und leicht verständlichen Maßnahmen, dass Ihr KMU einen aktiven Beitrag zum Klimaschutz leistet.

Die stille Revolution am Kapitalmarkt

Eine gänzlich neue und hoch interessante Fragekette wird die Anleger am Kapitalmarkt in den nächsten zehn Jahren signifikant beschäftigen. Dies deshalb, da der reinen Gewinnmaximierung des angelegten Kapitals auch eine neue Sinnstiftung gegenübergestellt wird.

Nachfolgend dazu die ausgewählten Fragestellungen, die die Anleger zukünftig substanziell beschäftigen und den Kapitalmarkt in eine stille Revolution führen werden. Für die KMUs werden dadurch neue Hoffnungsgebiete eröffnet. Nachfolgend die fünf Fragen:

1. Will der Anleger auf die althergebrachte Gewinnmaximierung setzen oder investiert der Anleger sein Geld lieber in Betriebe bzw. Organisationen, die eine Vision mit Sinnstiftung bieten?

2. Will ein Anleger in Aktien, die per se Spekulationspapiere sind, grundsätzlich überhaupt noch investieren?

   Viele Geldgeber, die Aktien gekauft haben und die Kurseinbrüche erlebt haben, wo die Wertpapiere bis zur Wertlosigkeit abgerutscht sind, wurden von vielen Banken bzw. Vermögensberatern weder vorab gewarnt noch wurde ihnen geraten, in ein anderes Portfolio umzusteigen oder dort zu investieren. Frei nach dem Motto: Das Geld wurde investiert und das war es.

3. Die interessanteste Frage wird jedoch die philosophische sein. Will der Anleger überhaupt sein Geld in Aktien, in Fonds oder AGs anlegen, wo er kaum eine oder keine Vorstellung hat, was er damit überhaupt finanziert? Beispiele dafür gibt es zuhauf:

   Die BAWAG, eine österreichische Bank, die Milliarden in den USA verspekulierte, die Deutsche Bank, die 29 Mrd. Euro im Rahmen der US-Immobilienkrise abschreiben muss, Libro, ein Buchhandels- und Papierunternehmen, das vor Jahren zu den Paradeunternehmen zählte und in den Konkurs schlitterte oder Meindl European Land, deren Aktien im dritten Quartal 2007 massiv an Wert verloren haben, wo sich nunmehr eine Klageflut durch die Aktionärsvertretungen anhäuft und sich auch die Finanzmarktaufsicht einschalten musste. All diese Beispiele sind nur die winzige Spitze eines riesigen Eisbergs. Ein zusätzliches „high risc" stellen die Hedge Fonds dar, die bis 2015 zu massiven materiellen sowie immateriellen Schäden in der Finanzwirtschaft führen werden.

Verständlich daher die Frage, die sich immer mehr Anleger stellen: Will man bewusst in eine „unsafety or dirty capital box" investieren, wo zum Teil heimische Firmen von Börsen aus Shanghai bzw. Peking aufgekauft oder unterlaufen werden oder russische Milliardäre sich in europäischen Schlüsselindustrien einkaufen werden? Oder will man die heimische europäische Wirtschaft, insbesondere die KMUs stärken? All dies sind Fragen, die immer mehr Menschen beschäftigen, die eine neue Philosophie in der Finanzlandschaft eröffnen und die auch für KMUs positive und neue Optionen schaffen.

4. Aufgrund der obig beschriebenen Entwicklung werden immer mehr Business-Angels auftreten, die über ein üppiges freies Geldvermögen verfügen und anstelle von Fonds oder AGs ihr Geldvermögen in KMUs investieren werden. Hier weiß der Anleger, dass er sein Kapital in einem überschaubaren und bekannten Unternehmen veranlagt und regionale Arbeitskräfte und auch die lokale Kaufkraft fördert.

5. Jungunternehmer und KMUs werden in der EU noch stärker mit Neugründungs- und Risikokapital unterstützt werden als bisher. Auch hier gilt der Grundsatz, lieber in ein europäisches bzw. regionales Unternehmen zu investieren als in ein anonymes, das in Asien oder in den USA arbeitet und auch aufgrund gänzlich ande-

rer Gesetzeslagen, die nicht immer mit den europäischen kompatibel sein müssen, schwer überprüfbar und nachvollziehbar sind. Insbesondere die Geschäftsgebarungen der einzelnen Unternehmungen, die außerhalb der EU tätig sind – allen voran die chinesischen, asiatischen und in weiterer Folge die amerikanischen – sind auch für einen interessierten Anleger kaum mehr nachvollziehbar.

Wer immer zurückschaut, bekommt ein steifes Genick.

Ewald Pöschko, Geschäftsführer und Diplom-Biersommelier in der Braucommune in Freistadt

In meinen mehr als 100 Vorträgen, die ich pro Jahr im In- und Ausland halten darf, werde ich sehr oft gefragt, in welche Aktien man investieren sollte. Dazu gebe ich als Referent keinerlei Empfehlung ab, da ich dazu nicht befugt bin und es auch nicht will. Sehr wohl erlaube ich mir aber die eine Frage zu stellen, die immer wieder zum Nachdenken anregt. Diese heißt: Überlegen Sie sich, ob Sie als Anleger in einen Fonds oder in eine Aktiengesellschaft investieren wollen, die für Sie schwer überschaubar ist, oder ob Sie Ihr Geld nicht als Alternative in ein KMU innerhalb Europas investieren möchten. Sicher ist, dass bei den internationalen Anlageformen kaum ein Anleger weiß, was mit seinem Geld in den nächsten Jahren passieren wird, er kann nur hoffen. Im zweiten Fall, wo er in KMUs investiert, ist die Nachvollziehbarkeit größer und zusätzlich das Gefühl und auch die Sicherheit da, mit seinem Geld Gutes in der Region investiert zu haben.

In Summe erhalte ich bei dieser von mir gestellten Frage mehrheitlich die Reflexion von den Befragten, dass sie zukünftig ihr Geld lieber in Richtung KMUs investieren möchten, als in Fonds und AGs. Die Frage, die dazu im Detail noch nachgereicht wird, heißt: Welche

KMUs gibt es, an denen man sich finanziell beteiligen kann und die auch eine wirtschaftliche Prosperität in Aussicht stellen können? Diese beantworte ich nicht und verweise auf den Banken- und Vermögensberatungsbereich.

Resümierend kann gesagt werden, dass die stille Revolution am Kapitalmarkt sich eindeutig von den Übergrößen, die die einzelnen Fonds, AGs, Hedgefonds etc. repräsentieren, in kleinere, überschaubare Einheiten entwickeln wird. Für die KMUs entsteht damit ein neuer Finanzierungsmarkt, der von den Business-Angels bis zu neuen KMU-Finanzierungskonstruktionen reichen wird. Auch die öffentliche Hand wird weitere positive Finanzierungsrahmenbedingungen für innovative KMUs eröffnen.

Der Trend zur neuen Qualität in der Politik

Diese stille Revolution wird durch ein immer rasanteres Fortschreiten der zehn größten Bedrohungen der Menschheit substanziell eingeleitet. Sonntagsreden, die seitens der Politik in der Vergangenheit gerne geschwungen worden sind, helfen in diesem Zusammenhang mit Sicherheit nicht und werden daher auch von der Öffentlichkeit ebenso abgelehnt wie alte politische Machtbestrebungen, die denen aus dem 19. und 20. Jahrhundert ähneln. Oder anders gesagt: Dass alte Paradigma der Politik ist ein Auslaufmodell.

Fakt ist, dass die Welt zum Dorf geworden ist. Die „High-Speed-Internationalisierung", die zum einen ein erfreulich starkes Weltwirtschaftswachstum schafft, verursacht jedoch besorgniserregende Bruchlinien im sozialen, ökologischen und ökonomischen Bereich. Ein wesentliches Charakteristikum des Informations- und Kommunikationszeitalters ist es, Erfreuliches, aber auch Besorgniserregendes innerhalb von wenigen Minuten weltweit der Öffentlichkeit medial zu präsentieren. Durch substanzielle Berichterstattung kann die öffentliche Meinung innerhalb kürzester Zeit verändert werden.

Nachfolgend ein kompakter Überblick über die zehn größten Bedrohungen für die Menschheit, die zu allererst intelligente und beherzte Rahmenbedingungen und Maßnahmen seitens der Politik notwendig machen, damit die Wirtschaft und Gesellschaft diese Herausforderungen auch lösen kann. Eine neue Qualität in der Politik ist dafür erforderlich, die sich erfreulicherweise auch abzuzeichnen beginnt.

Die zehn größten Bedrohungen für die Menschheit

Art der Bedrohung	Zeitfenster
Dramatische Folgen des Klimawandels inkl. häufigere und intensivere Unwetterkatastrophen	kurz-, mittel- und langfristig
Super-GAUs in AKWs	kurz-, mittel- und langfristig
Terroranschläge und organisierte Kriminalität	kurz-, mittel- und langfristig
Neue Seuchen und Panepedemie insbesondere aus Asien und Afrika	kurz-, mittel- und langfristig
Kampf um immer knapper werdende Rohstoffe	kurz-, mittel- und langfristig jedoch nur bis 2025
Signifikante Energieverknappung und -verteuerung	kurz-, mittel- und langfristig jedoch nur bis 2025
Weltweite Bevölkerungsexplosion inkl. Boom der Megacities	langfristig
Verlorenes Land inkl. Völkerwanderung	mittel- und langfristig
Das Feindbild der reichen Industriestaaten als Ausbeuter und Umweltzerstörer	mittel- und langfristig
Knappes Trinkwasser und desaströse Abwasser- und Abfallentsorgung insbesondere in den Megacities	mittel- und langfristig

Teilt man die Auffassung, dass die dramatischen Folgen des Klimawandels von der Menschheit mehrheitlich selbst verursacht worden sind bzw. noch werden, dann können diese auch von den Menschen wiederum eingedämmt werden. Voraussetzung dafür ist, dass die Politik wesentliche Rahmenbedingungen und Ressourcen dafür definiert bzw. verfügbar macht. Ein substanzieller und zukunftsorientierter Denkmusterwechsel inklusive gesetzlicher Umsetzungsvorschriften ist unerlässlich. Die besten Köpfe, die größten Talente und weltweite Sonderbudgets von mehreren Billionen Dollar bzw. Euro werden bis 2015 notwendig sein, um effiziente Maßnahmen zur Bekämpfung der größten Bedrohungen einleiten zu können und damit die Umsetzung nicht auf halbem Wege stockt. Neben der inhaltlichen Lösung der Probleme, gilt es insbesondere den Wettlauf mit der Zeit zu gewinnen.

Die in der Tabelle angeführten Fristen im Rahmen der größten Bedrohungen für die Menschheit sind wie folgt zu verstehen: kurzfristig bedeutet von heute bis drei Jahre, mittelfristig stellt einen Zeitraum von den nächsten drei bis sieben Jahren dar, langfristig definiert das Zeitfenster länger als sieben Jahre.

Zwei Bedrohungen werden ab dem Jahr 2025 aufgrund der menschlichen Intelligenz, und diese Hoffnung ist absolut berechtigt, kein Risikopotenzial mehr darstellen. Im Konkreten sind damit der Kampf um knapper werdende Rohstoffe und auch die Engpasssituation bei Energie zu nennen. Aufgrund intensivster Forschungs- und Entwicklungsarbeiten werden unter anderem der Trend zur Miniaturisierung, der Dematerialismus, aber auch gänzlich neue Technologien, hier ist die Nanotechnologie der größte Hoffnungsträger bzw. die erneuerbaren Energien, die größten und substanziellsten Problemlöser darstellen.

Hingegen werden die dramatischen Folgen des Klimawandels zum Jahrhunderttrend, der zum Teil den Kampf ums nackte Überleben nach sich ziehen wird.

Von den armen Staaten und Schwellenländern, die durch immer häufiger werdende Überschwemmungen oder den steigenden Meeresspiegel bedroht sind, ist zu erwarten, dass ein Großteil der Bevölkerung ein massives Feindbild gegen die Industriestaaten aufbauen wird. Allen voran wird diese Negativstimmung gegen die USA, in zweiter Linie gegen die Europäische Union und Japan gerichtet sein. Faktoren wie Umweltzerstörung, Ausbeutung von Regionen und Menschen oder der Raubbau an der Natur, um nur drei Beispiele zu nennen, werden in den nächsten Jahrzehnten Völkerwanderungsströme in einem bis dato nie gekannten Ausmaß auslösen. Hunderte Millionen Menschen, die ihr Land als Existenzgrundlage verloren haben, werden davon betroffen sein, und eine bisher noch nicht erlebte Zuspitzung und Dramatik in der globalisierten bzw. der Zusammenarbeit in der internationalen Staatengemeinschaft wird die Folge sein. Unter dem Eindruck dieser sehr wahrscheinlichen und extrem dramatischen Entwicklung ist zu befürchten, dass der internationale Terrorismus eine neue Argumentationsebene daraus heranziehen wird, um seine menschenverachtenden Machenschaften zu rechtfertigen. Da die Verursacher der Umweltzerstörung und dem damit verbundenen Leid mehrheitlich die reichen Industriestaaten sind, werden die Terroranschläge eine neue traurige Dimension erreichen. Internationale Anti-Terror-Elite-Einheiten werden dies zu verhindern suchen, was mehrheitlich auch gelingen wird.

Um so weiser war die Entscheidung im Jahr 2007, dass auf Betreiben der europäischen Politik der Weltsicherheitsrat als mächtigstes Organ der Vereinten Nationen sich insbesondere den dramatischen Folgen des Klimawandels mit oberster Priorität widmen wird. Maß-

Neben der Bekämpfung des Klimawandels ist zu erwarten, dass eine neue Akzentuierung in der Terrorbekämpfung und der organisierten Kriminalität ebenso erfolgen wird, wie der Trend zur Nachhaltigkeit, insbesondere bei der Verwendung von Rohstoffen und Energie, zu einem neuen Markenzeichen der US-Amerikaner werden wird.

Die Europäische Union wird aufgrund der mittelfristig sehr guten substanziellen Vorarbeiten in Zusammenarbeit mit der europäischen Wissenschaft und Wirtschaft eine gänzlich neue Qualität in der Politik einleiten, um so in der Welt weiter zu punkten. Die Europäische Union wird sich auf der globalen Landkarte dahingehend wohltuend von anderen Kontinenten abheben, ihr politischer und wirtschaftlicher Raum als deutlich substanzieller und nachhaltiger gesehen wird. Dies vor allem deshalb weil intelligentes Denken und Handeln mit einer gewinnorientierten Leistungserstellung ohne den Fehler, einer eindimensionalen Profitgier nachzujagen, gelebt wird. Oder anders gesagt: Die Europäische Union wird durch ihr Verhalten und durch die sehr positive Entwicklung des Wirtschaftsraumes eine hoch erstrebenswerte Liga für viele andere Länder dieser Welt darstellen und die USA auch in diesem Bereich in ihrer Bedeutung auf Rang zwei verweisen.

Auch die chinesische Politik wird eine neue Qualität im Klimaschutzbereich aufbauen. Aber nicht nur dort, auch im Rahmen von wirtschaftlichen und sozialen Verteilungsmustern werden neue Wege beschritten. Letzteres wird sich dadurch äußern, dass von 2012 bis 2015 in China der weltweit größte Mittelstand heranwachsen wird. Das heißt, der erwirtschaftete Reichtum der Volkswirtschaft wird auf immer mehr Menschen aufgeteilt werden.

Im Bereich der Umweltverschmutzung zeigte Japan in der Vergangenheit, dass die drittgrößte Wirtschaftsmacht der Welt in der Lage war, die aufgrund des enormen Wirtschaftswachstums der 60er- und

70er-Jahre verursachten Umweltschäden innerhalb von rund 15 Jahren großteils wieder zu reparieren. Um 2015 ist Ähnliches in China zu erwarten. Ob der Gigantonomie in China Vernunft und der Trend zur Nachhaltigkeit weichen werden, ist ebenso fraglich wie, ob China den Wettlauf mit der Zeit bei der Reparatur der ökologischen Schäden von 2015 bis 2030 im Rahmen des Klimawandels noch rechtzeitig und substanziell gewinnen wird.

Summa summarum ist erkennbar, dass der Trend zur neuen Qualität in der Politik sich in den größten Wirtschaftsräumen und -mächten neu manifestieren wird. Dies betrifft jedoch nicht nur die Weltwirtschaftsmächte, sondern insbesondere auch die Regionen. Der Trend zur Region wird bis 2015 ein Markenzeichen von intelligenter und nachhaltiger, qualitätsorientierter Politik sein. Auch hier werden kluge, hochtalentierte und beherzte Menschen verstärkt in die Politik gehen, um die Region positiv zu gestalten.

Der Trend zur stillen Revolution in der Medienlandschaft und das neue Multitasking

So wie in der Mechatronik die Elektronik die Mechanik sukzessive verdrängt, wird das Internet das klassische Fernsehen vom Zentrum an den Rand verdrängen. TV-Sendungen werden bis 2015 ähnlich wie heute Rundfunksendungen zur Nebensache degenerieren. Auch Zeitungen und Zeitschriften werden von dieser Internet-Revolution betroffen sein. In etwa zehn Jahren kann man online jedes Medium überall empfangen, gleich ob es Webseiten, Video on demand, TV-Sendungen oder individualisierte Zeitungsseiten sind. Die elektronischen Zeitungsseiten können, sofern es sich um Abonnenten handelt, die Printwerbung individualisieren. Spezialangebote bzw. Geheimtipps, die Veranstaltungen oder Restbestände von Tickets betreffen, die es für Musicals, Oper oder Fußballspiele noch zu kaufen gibt, werden in Zukunft ein additives Dienstleistungsangebot der elektronischen Printmedien für Abonnenten sein.

Der Trend zur Verschmelzung von Internet mit TV bzw. Zeitungen und Zeitschriften hat im Wesentlichen folgende Gründe. 2010 wird rund ein Drittel der deutschen Bundesbürger über einen Breitbandanschluss verfügen, der auf dem Computerschirm bewegte Bilder in bester Qualität überträgt. Das klassische Fernsehen ist und bleibt mehrheitlich ein Einbahn-Kommunikationsmedium, sozusagen vom Sender zum Empfänger. Anders das Internet, hier wird auf Dialog und Lebendigkeit gesetzt. Per Internet wird geflirtet, Einträge in Online-Blogs geschrieben bzw. gelesen, es ist ein Just-do-it-Begegnungsmedium.

Das klassische TV, gleich ob öffentlich rechtliche oder private Sender, hat in der Vergangenheit eine enorme Zunahme in der TV-Senderanzahl verzeichnen können, die Qualität ist in Summe aber signifikant gesunken. In den USA gibt es mehr als 500 TV-Sender, wo mehrheitlich Informations- und Unterhaltungsmüll gesendet wird.

Das Internet wird in Zukunft auch die Möglichkeit bieten, werbefreie Spielfilme in DVD-Qualität für einfache, mehrfache oder unendliche Nutzung herunterzuladen. Der Preis dafür wird attraktiv sein und über die Internet- oder Handyrechnung abgerechnet. Eine zusätzliche Preisreduktion kann dann vom User erreicht werden, wenn im Vorspann des abgerufenen Spielfilms ein Werbeblock mitgeliefert wird, der auch über Mausclick bestätigt wird. Über ein Frage- und Gewinnspiel wird überprüft, ob der Spot auch tatsächlich gesehen wurde.

Die Online-Nutzung brummt, die TV-Nutzung wird bei der Kernzielgruppe der 14- bis 29-Jährigen signifikant rückläufig werden. Nutzten 2005 die jungen Menschen in Deutschland pro Tag noch 137 Minuten das TV und das Internet 69 Minuten, so wird 2015 die Internet-Nutzung etwa 150 Minuten pro Tag und das Fernsehen ca. 60 Minuten in Anspruch nehmen.

Der Trend zum Multitasking verändert die Medienlandschaft substanziell. Die Kunden werden drei bis fünf Handlungen gleichzeitig erledigen und daher nur einen Teil ihrer Aufmerksamkeit auf die jeweilige Handlung konzentrieren können. Die neuen Technologien fördern dieses Verhaltensmuster.

Ein plakatives Beispiel dazu aus der Praxis: Zuhause oder im Büro sitzt sie oder er vor dem PC-Bildschirm und surft im Internet, um interessante Urlaubsangebote zu sichten. Die Picture-in-picture-Funktion ermöglicht es neuerdings, dass der Kunde beispielsweise im Feld links oben gleichzeitig die Nachrichtensendung des ARD, ZDF oder ORF live bzw. on Demand abrufen und sehen kann. Parallel dazu telefoniert derselbe Mensch am Handy und streichelt die Katze, die auf seinem Schoß sitzt. Zusätzlich wird der private oder Geschäftstermin, der via Handy besprochen wurde, fixiert und auch schriftlich notiert. Dieses Multitasking wird zukünftig weiter zunehmen und unser alltägliches Leben bestimmen.

Sicher ist, dass das Medium TV in den nächsten Jahren immer mehr zur Nebensache wird. Das Medium Radio hat diese Entwicklung bereits vollzogen. Durch den Trend zum Multitasking steht die gesamte Werbebranche vor einer hochinteressanten neuen Herausforderung.

Infrastrukturell betrachtet werden die elektronischen Medien in Zukunft über vier unterschiedliche Gerätetypen konsumiert.

Im Wohnzimmer bzw. Lifestyle-Raum hängt ein Plasmaschirm mit 120 cm Diagonale wie ein Bild an der Wand. Hier werden die On-Demand-Videos, die online und werbefrei über das Internet bestellt wurden, genussvoll betrachtet oder das klassische TV konsumiert. Im

Heimbüro, Schlafzimmer oder Gästezimmer steht der Computer mit Online-Anschluss, wo gechattet wird, Reiseziele durchgesehen und auch bestellt werden bzw. das Magazin von ADAC oder ÖAMTC elektronisch durchgeblättert und das neueste Hybrid- und Wasserstoff-Pkw-Modell in einem Echtheitsfahrbericht per Video betrachtet wird.

Erfolgreiche Innovationen entstehen im Herzen Einzelner, deren positive Umsetzung aus der Leidenschaft Vieler.

Harald Enzensberger, Geschäftsführer der Unternehmensgruppe Lieb Bau Weiz

Das zweite Medium ist ein LCD-Schirm, wo im Gäste- oder Kinderzimmer Gaming betrieben wird.

Das Handy als drittes Medium ist immer und überall dabei. Es ist das für den Verwender aktuellste multifunktionale Medium, mit dem man auch Nachrichtensendungen, Special-Interest-Kommunikationen und Sendungen etc. empfangen kann.

Das vierte Gerät wird ein Mix aus Laptop und Blackberry sein, das genauso wie der Computer zu Hause ohne Tastatur auskommt, da es zurufgesteuert funktioniert.

Sicher ist, dass sich diese Entwicklung rasant fortsetzen wird und dass die Medien Computer, TV und Handy den Trend zur Verschmelzung von Branchen und Technologien ein weiteres Mal positiv bestätigen werden.

Die Werbebranche reagiert bereits mit ersten Maßnahmen auf diese Entwicklung. Der rund 300 Mrd. Euro schwere weltweite Werbemarkt wird bis 2015 jährlich um rund 5 % wachsen. Der größte Gewinner wird die Onlinewerbung sein, die 2015 einen prozentualen Anteil aller Werbeausgaben von etwa 30 % verzeichnen wird. Dies gilt im Wesentlichen für die klassische Markenartikel-Werbung. Ob bzw. inwieweit KMUs von dieser Entwicklung profitieren können, ist differenziert zu betrachten.

Der Trend zur kritischen Öffentlichkeit, die die Qualität der Medienarbeit mehr denn je prüfend hinterfragt

Grundsätzlich gilt seitdem es Berichterstattungen gibt: „Bad news are good news". Die Runen waren der Ursprung der Kommunikation. Im Durchschnitt wurden bzw. werden 80 % negative und 20 % positive Infos vermittelt. Daran wird sich auch bis 2015 im Wesentlichen nichts ändern.

Was jedoch die Öffentlichkeit immer kritischer beobachten und auch positiv bzw. negativ sanktionieren wird, sind folgende Qualitätskriterien:

- Die maßlose Überschätzung und Übertreibung in der Darstellung der Leistung der einzelnen Sender bzw. Medien.

  Gleich ob Rundfunk oder TV-Sender, die Hörer und Seher werden in einer penetranten Selbstdarstellungs- und Beweihräucherungsform überschüttet und strapaziert, die objektiv betrachtet erbärmlich ist und wirkt. Der eine Rundfunksender wirbt für sich mit dem Slogan, die beste Musik zu spielen, den schnellsten Verkehrsservice zu haben, der Größte in der Branche zu sein, andere Radiosender tun dies ebenso. TV-Sender werben damit, die besten Filme aller Zeiten zu senden, die beste Werbeshow zu liefern, die neuesten Infos am schnellsten und am besten liefern zu können, der Mitbewerb verspricht Gleiches.

  Es scheint eine chronische Krankheit in der Medienwelt ausgebrochen zu sein, die mit dem Virus „krankhafter Drang zum

Superlativismus in der Selbstdarstellung des eigenen Mediums" zu beschreiben ist. Aufgrund des Monitorings und der Analysen vom Institut für Marketing und Trendanalysen gibt es in keiner Branche außerhalb der Medienwelt eine dermaßen große Selbstüberschätzung und Selbstbeweihräucherung nach dem Motto: „Wir sind die Größten und die Besten". Im Longrun führt das dazu, dass die Menschen sich verstärkt von diesen Medien abwenden und sich ihre Spielfilme und Musikfreuden via Internet ohne Selbstbeweihräucherungsbeigeschmack in die eigenen vier Wände holen werden.

- Die eindimensional gewichtete und damit unobjektive Berichterstattung vieler Sender und Medien ist ein zusätzliches Problem.

Diese Kritik am Journalismus, der in seinem Ehrenkodex verpflichtet ist, eine objektive Berichterstattung zu liefern, betrifft nicht nur den elektronischen, sondern auch den Printmedienbereich. Zwei Beispiele dazu:

In der Wirtschaftsberichterstattung wird seit zehn Jahren das Wachstum der Diskonteranbieter wie Aldi, Hofer, Lidl, Penny etc. nahezu euphorisch dargestellt. Die breite Öffentlichkeit müsste im Sinne der klassischen Konditionierung durch diese Berichterstattung den Eindruck gewinnen, dass die Handelslandschaft in Deutschland und Österreich hauptsächlich aus Diskontern besteht. Dies ist bekanntlich objektiv falsch, denn im Handelsbereich liegt der maximale Marktanteil, den Diskonter erzielen können, je nach Konjunkturlage bei 25 bis 30 %. Das heißt, 75 bis 70 % des Handelsumsatzes erwirtschaften Markenanbieter wie Spar, Rewe, Billa, Nah & Frisch, Adeg, Migro etc. Gleiches gilt für die Diskonter-Fluglinien. Auch hier gilt: Ryanair, German Wings oder Hapag Lloyd erzielen als Billigfluglinien maximal 25 % Marktanteil. Das Markensegment von Lufthansa, Austrian Airlines, KLM liegt bei drei Viertel des Marktanteils. Die Medienberichterstattung präsentiert jedoch ein diskonterlastiges und somit falsches Bild und dies am laufenden Band.

Das zweite Beispiel betrifft den Klimawandel. Dieser wurde noch im letzten Jahrzehnt von den meisten Medien als Unfug und Angstmacherei bezeichnet oder einer kranken grünen Denke zugeschrieben. Seit einem Jahr hat eine Klimawandelberichterstattung in nahezu allen Medien begonnen, die zum Teil schlecht recherchiert, dafür aber umso lauter präsentiert wurde. In der breiten Öffentlichkeit beginnt sich der Eindruck zu manifestieren, dass es keine ausgewogene Berichterstattung mehr gibt, sondern primär Sensationslust, Einschaltquoten bzw. Reichweiten im Vordergrund der Medienarbeit stehen.

In Zukunft wird sich im Bereich der Medien die Spreu vom Weizen trennen. Medien, die top recherchieren, objektiv berichten, aktuell sind und Markenqualität bieten, werden sich trotz bzw. gerade wegen des Internets und anderen Konkurrenzmedien am Markt weiter etablieren können. Marktschreierische Medien werden von der Leserschaft durch Nichtnutzung bestraft werden.

Für erfolgsorientierte Medien gilt, dass sie neben den ausgeführten Qualitätskriterien auch den technischen Systemwechsel, der in eine neue elektronische Berichterstattungswelt führen wird, vollziehen müssen.

Die Preise im privaten Konsum steigen bis 2015 überproportional stark an!

★ Die Preisentwicklung des privaten Konsums von 2008 bis 2015

★ Antworten und neue Reaktionsmuster aus der Wirtschaft

Die Preisentwicklung des privaten Konsums von 2008 bis 2015

Die Leistungskraft einer Volkswirtschaft wird bekannterweise durch das Bruttoinlandsprodukt dargestellt. Wobei sich dieses aus dem privaten Konsum, dem öffentlichen Konsum, den privaten Investitionen und aus jenen der öffentlichen Hand zusammensetzt. Hinzu kommen noch die Exporte, die das Bruttoinlandsprodukt vergrößern, die Importe werden in Abzug gebracht. Innerhalb der EU wie auch in Deutschland, Österreich, der Schweiz und Südtirol stellt der private Konsum den höchsten Anteil des Bruttoinlandsproduktes mit rund 56 % dar. Noch höher liegt der Anteil des privaten Konsums in den USA, nämlich bei 65 % des BIP.

Bis 2015 werden in der EU sowohl der private Konsum als auch die privaten Investitionen tendenziell an Bedeutung gewinnen. Die Begründung dafür ist relativ leicht nachvollziehbar.

Die Produkt- und Dienstleistungspreise, die dem privaten Konsum zugeordnet werden, werden jährlich aufgrund der kontinuierlich signifikant steigenden Rohstoff- und Energiepreise überproportional teurer werden. Ähnliches gilt auch für Investitionen, die im privaten und öffentlichen Bereich getätigt werden.

Den meisten Menschen ist nicht bewusst, dass sie in der Gegenwart ihre Zukunft gestalten! Sie leben sehr oft in der Vergangenheit und vom „Was wäre, wenn ..."

Karl Lindtner, Geschäftsführender Gesellschafter der LDD Dialog GmbH, Oberweis/Gmunden

Nachfolgend eine Prognose zur Preisentwicklung im privaten Konsum von 2008 bis 2015 vom Institut für Marketing und Trendanalysen.

Wollen auch Sie in Zukunft mit der Sonne Geld verdienen?
SolaStrom
Mit der Sonne Geld verdienen!
Ihr kompetenter Partner
in Deutschland & Österreich
Ihre Fotovoltaik-Anlage wird von uns geplant, gebaut und gewartet. Wir zeigen Ihnen den Weg und beraten Sie gerne!
SolaStrom GmbH & Co KG – Ihr Fachunternehmen für Solarstrom-Anlagen
Ansprechpartner: Günter Friedl & Arthur Mercer
Leitershoferstraße 26, 86391 Stadtbergen/Augsburg
www.solastrom.de
info@solastrom.de
SolaService
prompt • zuverlässig • sicher

und die Bereitschaft zur intelligenten Modernisierung, Renovierung und Sanierung sowie ein Ab- und Austausch alter Technologien, um den explodierenden Energiekosten zu entrinnen. Mit diesen und anderen Weichenstellungen will man der zukünftigen Kostenfalle entkommen. Dafür werden zum einen die Endverbraucher tendenziell mehr bereit sein, ihre Sparquote zu reduzieren und zum anderen wird der Business-to-Business-Bereich vermehrt Sonderbudgets freigeben, um intelligente Investitionen, die aus der Kostenschere herausführen, durchführen zu können.

In Summe betrachtet werden die stark steigenden Preise im privaten Konsum einen substanziellen Denkmusterwechsel in der Politik, Wirtschaft, Gesellschaft und im Leben des Einzelnen einleiten. Auch die makroökonomischen Rahmenbedingungen, die Themen wie Zinssatz und Inflation betreffen, werden einer neuen Benchmark-Definition zugeführt werden.

Bis diese Erkenntnis jedoch greift, wird es noch etwa zwei bis drei Jahre dauern. In dieser Lernphase, die für die Politik, Wirtschaft, aber auch für die Medien neu und daher sehr ungewöhnlich ist, wird eine Headline nach der anderen, ein Versprechen nach dem anderen, veröffentlicht werden und die Menschen mehrheitlich verunsichern. Erst um 2010 wird man diese Neuentwicklung verstehen und als nicht mehr bedrohlich empfinden. Damit ist der Weg in die Normalität wieder frei.

Antworten und neue Reaktionsmuster aus der Wirtschaft

Erfolgreiche Unternehmen werden sehr rasch neue Maßnahmen setzen, um den stark steigenden Preisen entgegenzuwirken. Folgende fünf Schritte werden dabei von Bedeutung sein.

1. Eine Rohstoff-, Energie- und Versorgungssicherheit zu einem erträglichen Preis-Leistungs-Verhältnis wird firmenintern höchste Priorität erhalten. Das Paradoxon, dass immer mehr Industrie- und Handelsbetriebe volle Auftragsbücher bzw. Bestellungen vorliegen haben, jedoch wochenlang nichts fakturieren können, weil die Ware bzw. der Rohstoff fehlt oder außerordentlich lange Lieferzeiten vorliegen, werden zur Normalität. Der Einkauf wird unternehmensintern eminent an Bedeutung gewinnen.
2. Umsatzausfälle, die aufgrund der nicht vorhandenen Verfügbarkeit von Ware oder Rohstoffen entstehen, gilt es, durch einen Risikoaufschlag in der Kalkulation abzufedern. Dieser dient primär nicht dazu, die Rendite zu erhöhen, sondern die Mehrkosten oder Ausfälle abzudecken.
3. Die stark steigenden Rohstoff- und Energiepreise werden daher von den meisten Unternehmen direkt und sofort an den Markt weitergegeben, um so den Betrieb nicht zu gefährden.
4. Rationalisierungen zur Reduktion des Rohstoffeinsatzes bzw. Konzepte, um die Energiekosten im Betrieb zu senken, werden oberste Priorität bekommen.
5. Intelligente Investitionen, die insbesondere die Betriebskosten überschaubar halten, stabilisieren bzw. reduzieren, werden zum Must-have.

Der Trend zu Markturknallereignissen setzt sich fort!

★ Das Restrisiko in der Trendanalyse und Zukunftsforschung

★ Die 80%ige Trefferquote vom Institut für Marketing und Trendanalysen bei seinen Zukunftsprognosen

Der Trend zu Markturknallereignissen setzt sich fort!

Unter einem Markturknallereignis versteht man das plötzliche Auftreten eines positiven oder negativen Megaereignisses, das mit bestem Wissen und Gewissen nicht vorhersehbar war bzw. ist und eine Intensität in seiner Wirkung hat, die eine historische Dimension darstellt.

Beispiele dafür sind die Ereignisse vom 11. September, der Super-GAU in Tschernobyl oder die BSE-Rinderseuche. Diese drei negativen Markturknallereignisse haben gemeinsam, dass sie weltweit tiefste Spuren nach sich zogen und ganze Regionen bzw. Branchen sozusagen innerhalb weniger Stunden an den Rand des Ruins brachten. Die faktischen und psychologischen Folgen solcher negativen Markturknallereignisse gefährden nicht nur die Weltwirtschaft, sondern auch einen großen Teil der Weltbevölkerung. Angst, Leid und Zorn, die dadurch in intensivster Form verursacht werden, sind die verständlichen Verhaltensmuster der unmittelbar bzw. mittelbar Betroffenen.

Die Vergangenheit hat gezeigt, dass die negativen Markturknallereignisse tendenziell häufiger auftreten und signifikant gefährlicher werden. Durch den technischen Fortschritt kann heute eine Handvoll Menschen die Welt sozusagen in Angst und Schrecken versetzen und dabei eine Superlativwirkung erzeugen, die erst mit der Erfindung der Atombombe und deren verheerenden Anwendung in Nagasaki und Hiroshima vorstellbar geworden ist.

Interessant ist, dass in der jungen Vergangenheit kaum positive Markturknallereignisse unsere Gesellschaft, Wirtschaft und Politik geprägt haben. Bis 2015 werden jedoch auch diese signifikant häufiger werden. Sie kommen primär aus der Wissenschaft bzw. von visionären Menschen, Unternehmen oder Organisationen. Ein Beispiel dazu ist der überproportional hohe Anstieg der Lebenserwartung, der durch die Biochemie, die Medizin sowie durch die Genforschung ermöglicht wird. 2020 wird es soweit sein, dass die dann Neugeborenen im Durchschnitt 100 Jahre alt werden, die Menschen, die im Jahr 2050 geboren werden, werden im Durchschnitt 130 Jahre alt. Ein wirksamer Impfstoff gegen AIDS wird um 2015 am Markt verfügbar sein. Im Bereich der Energietechnik wird um 2015 die Wasserstofftechnologie in Serie produziert werden und sowohl für Großabnehmer wie auch für Endverbraucher verfügbar sein und den Weg in das neue Perpetuum-mobile-Zeitalter eröffnen.

Stell dich deiner Herausforderung; das Leben ist kein Ponyhof!

August Inselkammer jun., Geschäftsführer der Isartaler Holzhaus Oberlandhaus GmbH & Co KG, Holzkirchen

Das Restrisiko in der Trendanalyse und Zukunftsforschung

Die Markturknallereignisse sind der Risikofaktor eins in der Prognosequalität von Trends. Der zweite Risikofaktor entspringt primär dem Verhalten der Menschen und deren Organisationen. Diese Ursprungsquelle geht im Wesentlichen auf drei Faktoren zurück.

Der Faktor eins betrifft die intellektuelle Fähigkeit des Einzelnen bzw. einer Organisation, inwieweit dieser oder diese den Trend erkennen kann bzw. die Notwendigkeit dafür überhaupt wahrnimmt. In diesem Zusammenhang hat die Art, wie ein Trend präsentiert bzw. wie darüber Bericht erstattet wird, eine substanzielle Bedeutung.

Der zweite Faktor nimmt Bezug auf die emotionale Bereitschaft, einen Trend überhaupt wahrnehmen zu wollen. Grundsätzlich gilt, dass die Bereitschaft zur Veränderung gegeben sein muss. Dieses gilt sowohl für den Einzelmenschen, für Teams, aber auch für Organisationen ebenso wie die Politik. Nachdem es wesentlich komfortabler ist, Bestehendes zu pflegen, als sich in ein neues Trendabenteuer hineinzubewegen, werden nachhaltige Trends, die eine große Herausforderung darstellen, gerne verdrängt oder verschoben. Eine weitere Möglichkeit wäre, vor diesen Trends in ein Fluchtverhalten überzugehen. Unabhängig ob Verdrängung, Verschiebung oder Flucht, im Wesentlichen sind es diese drei Verhaltensmuster, die auch von renommierten Psychologen bestätigt werden und die am häufigsten beobachtbaren Verhaltensmuster von Menschen und Organisationen sind, um sich vor einer Veränderung zu schützen.

Die dritte Ebene, warum ein Trend sich nicht oder nur sehr schwer durchsetzen kann, ist ein konzertiertes Lobbying. Der Aufkauf von bahnbrechenden neuen Forschungsergebnissen, um einen alten hoch attraktiven Markt zu schützen, zählt ebenso zu den Registern, die in der Vergangenheit gezogen worden sind, wie eine versuchte Einflussnahme auf die Politik, um Rahmenbedingungen zur Entwicklung eines neuen Trends nicht zuzulassen oder ihn zu bremsen. Man denke in diesem Zusammenhang nur an die langjährigen Diskussionen über die Umschichtung von Förderungsgeldern in neue innovative Technologien oder aber auch das Streichen von Subventionen in Bereichen, die nicht mehr zeitgemäß sind.

Das antiproduktive Lobbying, das nachhaltige Trends versucht zu behindern, gehört mehrheitlich der Vergangenheit an und ist heute in den hoch entwickelten Ländern kaum mehr möglich. Die Begründung dafür liefert wiederum einmal mehr unsere Kommunikations- und Informationsgesellschaft, die zeigt, dass wesentliche, substanzielle und zukünftige Entwicklungen nicht mehr hinter dem Berg gehalten werden können. Man kann einen Trend behindern oder verzögern, zu stoppen bzw. zu eliminieren ist ein Trend heute nicht mehr.

Erfreulich ist auch die Erkenntnis, dass, wenn ein bestimmter Trend das Gemeinwohl gefährden oder sogar an der existenziellen Lebensgrundlage zehren würde, durch kluge und beherzte Gegenmaßnahmen ein neuer Antitrend erzeugt werden kann, der auch schwerwiegende Gefahren bzw. Unannehmlichkeiten egalisieren kann. Voraussetzung dafür ist, dass wiederum die Menschen und deren Organisationen mit einem konzertierten Maßnahmenpaket auf diesen neuen Antitrend setzen.

Grundsätzlich gilt, dass eine Trendanalyse und eine Zukunftsforschung nur so gut sind, wie es ihre Trefferquote ist. Trotz Restrisiko, das es nicht nur in diesem Bereich gibt, sondern auch in der Technik und überall dort, wo Menschen tätig sind, hält der Autor dieses Buches fest, dass in der Trendanalyse und in der Zukunftsforschung die jeweiligen Experten nur dann einen guten Job machen, wenn sie eine Trefferquote von mindestens 75 % bei den dargestellten und skizzierten Trends nachweisen können. Alles andere wäre Scharlatanerie oder deplatzierte schlechte Show, die keinen Platz in unserem Leben, unserer Wirtschaft, Gesellschaft und Politik haben sollte.

Die 80%ige Trefferquote vom Institut für Marketing und Trendanalysen bei seinen Zukunftsprognosen

Als wissenschaftlicher Leiter des Instituts für Marketing und Trendanalysen und mehrfacher Bestsellerautor schreibe ich auch deshalb immer wieder Trend- und Wirtschaftspublikationen, um nicht nur die Erkenntnisse einer breiteren Öffentlichkeit zur Verfügung zu stellen, sondern auch, um in meiner Prognosequalität überprüfbar zu sein. Das Ihnen vorliegende Buch ist nunmehr das neunte, das erste habe ich 1995 mit dem Titel „Die Zukunft fest im Griff" veröffentlicht.

Seit 2005, also zehn Jahre nach dem Erscheinen meiner ersten Wirtschaftspublikation, wurde „Die Zukunft fest im Griff" von namhaften Experten und von einer deutschen Universität rückblickend auf den Prüfstand gestellt, mit dem Ziel, die Trefferquote bei den von mir erstellten Prognosen zu diagnostizieren. Kurzum dazu das Ergebnis: Eine 80- bis 85%ige Trefferquote wurde von den unabhängigen Experten rückblickend bestätigt.

Von den insgesamt 51 prognostizierten Trends aus dem Jahr 1995 trafen 42 ein, 9 nicht bzw. nur zum Teil. Sechs Trendblöcke, nämlich Trends im Kundenverhalten, Gesellschaftstrends, Ökologie-Trends, Techno-Trends, Internationale Trends und Marketing-Trends wurden beschrieben.

Im Bereich der 11 veröffentlichten Trends im Kundenverhalten trafen zehn ein. So der Trend zur Polarität, zur Individualität, zur Sinnsuche und nach mehr Convenience etc. Ein einziger Trend, nämlich der zu mehr Sicherheit, blieb in einigen Branchen hinter den Erwartungen zurück.

Der Trend zu Markturknallereignissen

Bei den zehn prognostizierten Gesellschaftstrends liegt eine 100%ige Trefferquote vor. So manifestierten sich der Trend zur männlichen Frau und zum weiblichen Mann, der Trend zur Informationsüberflussgesellschaft, der Trend zum Wertevakuum oder auch der Trend zur Skepsis gegen alles Große.

Von den fünf publizierten Ökologie-Trends verfehlten zwei ihr Ziel, nämlich der Trend zur ökologischen Wirtschaftlichkeit und zum Teil der Trend zu den neuen ökologischen Statussymbolen. Der Trend zur Umweltzerstörung und zur Angst um die Umwelt etc. bestätigten sich.

Bei den Techno-Trends blieben die denkenden Roboter eindeutig hinter den Erwartungen zurück und teilweise der Trend zu Cyberspace. Hingegen bestätigten sich die Trends zur Miniaturisierung und zu den intelligenten Werkstoffen u.a.m.

Von den acht präsentierten internationalen Trends trafen der Trend zu den internationalen Wirtschaftsräumen, zur Regionalisierung, zur Macht der kleinen Einheiten etc. effektiv ein. Der Trend zu den Business-Units und den strategischen Allianzen wurde nur zum Teil Wirklichkeit.

Wer über sich selbst hinauswachsen will, braucht starke Wurzeln.

Helmut Brunner, Landesinnungsgeschäftsführer der Mechatroniker, Linz/Donau

Zwei von den neun Marketing-Trends aus dem Jahr 1995 blieben hinter den Erwartungen zurück. Das Home-Delivery-Service, die Hauszustellung im Lebensmittelbereich, realisierte keine 15 % Marktanteil. Das interaktive TV war bis 2005 nur eine marginale Randerscheinung. Hingegen manifestierten sich der Trend zur Markenerweiterung, zum EVP sowie zur systematischen Kundenpflege etc.

Nicht umsonst dürfte auch „Die Zukunft fest im Griff“ vom größten Wirtschaftsmagazin Europas, dem Manager Magazin, kurz nach seinem Erscheinen im Jahr 1995 zum Wirtschaftsbuch des Monats ernannt worden sein.

Von der Geschichtsforschung zurück in die Zukunft.

Mit dem Ihnen vorliegenden Buch „Jubiläumsedition Zukunft – 12 Mega-Trends, die unser Leben und unsere Wirtschaft bis 2015 verändern“ bleibt der Qualitätsanspruch des Autors und des Instituts für Marketing und Trendanalysen weiter aufrecht, Ihnen als Leser mindestens eine 80%ige Trefferquote zu bieten.

In zehn Jahren wird dazu wiederum eine Postanalyse gemacht. Auf diese freue ich mich und hoffe, Sie als Leser wieder begrüßen zu dürfen.

Literaturverzeichnis

DILTS, Robert: Know-how für Träumer – Strategien für Kreativität, Paderborn 1994

DILTS, Robert: Zukunftstechniken zur Leistungssteigerung und für das Management von Veränderungen, Paderborn 1999

DÖRNER, Dietrich: Die Logik des Misslingens, Strategisches Denken in komplexen Situationen, Reinbek bei Hamburg 1992

EINSTEIN, Albert, Leopold INFELD: Die Evolution der Physik, Reinbek bei Hamburg 2004

EINSTEIN, Albert, Max BORN: Briefwechsel 1916–1955, München 1969

EINSTEIN, Albert: Grundzüge der Relativitätstheorie, Braunschweig – Wiesbaden 1990

EINSTEIN, Albert: Über die spezielle und allgemeine Relativitätstheorie, gemeinverständlich, Braunschweig – Wiesbaden 1997

EUROSTAT, Luftverkehr in Europa im Jahre 2004, Luxembourg 2006

GARDNER, Howard: So genial wie Einstein, Schlüssel zum kreativen Denken, Stuttgart 1997

GARDNER, Martin: Relativitätstheorie für alle, Köln 2005

GLOBAL INSIGHT INC., Boston, Die größten Autohersteller der Welt, HANDELSBLATT, Düsseldorf 2005

GRUNDMANN, Siegfried: Einsteins Akte, Einsteins Jahre in Deutschland aus der Sicht der deutschen Politik, Berlin – Heidelberg – New York 1998

GRÜNDONNER, Luther: Königsweg Kreativität, Paderborn 1998

HANDWERK MAGAZIN: München, Ausgabe Oktober 2006

HANDWERK MAGAZIN: München, Ausgabe August 2007

HARVARD BUSINESS MANAGER: Hamburg, Ausgabe Oktober 2003

HARVARD BUSINESS MANAGER: Hamburg, Ausgabe Oktober 2007

HEHENBERGER, Christian: Die Zukunft fest im Griff, Pregarten 1995

HEHENBERGER, Christian: Märkte mit Zukunft, Pregarten 1997

HEHENBERGER, Christian: Auf ins neue Jahrtausend, Pregarten 1999

HEHENBERGER, Christian: in: Handwerk Magazin, Hohe Zuwachsraten für innovative Betriebe, Bad Wörishofen, Ausgabe April 2002

HEHENBERGER, Christian: Die Zukunft in unserer Hand, Gutau 2004

HEHENBERGER, Christian: Den Gestaltern gehört die Zukunft, Gutau 2005

HEHENBERGER, Christian: Einstein für die Wirtschaft, Gutau 2006

HEHENBERGER, Christian: Dem Handwerk gehört die Zukunft, Gutau 2006

INNUNG DER MECHATRONIKER: Zukunftsinfo, Linz, Ausgabe September 2001

INSTITUT FÜR MARKETING UND TRENDANALYSEN: VIP-Zukunftsreport, Ausgabe 1, Gutau 2003

INSTITUT FÜR MARKETING UND TRENDANALYSEN: VIP-Zukunftsreport, Ausgabe 2, Gutau 2003

INSTITUT FÜR MARKETING UND TRENDANALYSEN: VIP-Zukunftsreport, Ausgabe 4, Gutau 2004

INSTITUT FÜR MARKETING UND TRENDANALYSEN: VIP-Zukunftsreport, Ausgabe 5 & 6, Gutau 2006

ISL Market Analysis 2006; Institut für Seeverkehrswirtschaft und Logistik, Bremen 2006

KORNELIUS, Martin: Einstein light, München 2005

KRÖNER, Tim: www.autos-hybrid.de, Köln 2005

MALORNY, Christian, Wolfgang BACKERRA: Die sieben Kreativitätswerkzeuge K7, Kreative Prozesse anstoßen, Innovationen fördern, München–Wien 1997

MANAGER MAGAZIN: Hamburg, Ausgabe Mai 2006

MANAGER MAGAZIN: Hamburg, Ausgabe August 2006

MANAGER MAGAZIN: Hamburg, Ausgabe November 2006

MEYENN, Karl: Albert Einsteins Relativitätstheorie, Die grundlegenden Arbeiten, Braunschweig–Wiesbaden 1990

MICHALKO, Michael: Erfolgsgeheimnis Kreativität, Was wir von Michelangelo, Einstein & Co. lernen können, Landsberg am Lech 2001

MINERALÖLWIRTSCHAFTSVERBAND: Mineralölsteuer in Europa; Darstellung des Mineralölwirtschaftsverbandes, Hamburg 2005

MÜNCHENER RÜCKVERSICHERUNGS-GESELLSCHAFT: Naturkatastrophen in Deutschland, München 1999

MÜNCHENER RÜCKVERSICHERUNGS-GESELLSCHAFT: Sturmwarnung, Fakten, Forschung, Folgen, München 2003

MÜNCHENER RÜCKVERSICHERUNGS-GESELLSCHAFT: Erneuerbare Energien, Versicherung einer Zukunftstechnologie, München 2004

MÜNCHENER RÜCKVERSICHERUNGS-GESELLSCHAFT: Topics Geo, Jahresrückblick Naturkatastrophen 2004, München 2005

MÜNCHENER RÜCKVERSICHERUNGS-GESELLSCHAFT: Megastädte – Megarisiken, München 2005

MÜNCHENER RÜCKVERSICHERUNGS-GESELLSCHAFT: Topics Geo, Jahresrückblick Naturkatastrophen 2005, München 2006

MÜNCHENER RÜCKVERSICHERUNGS-GESELLSCHAFT: Topics, Klimawandel1/2006, München 2006

NOACK, Karsten: Kreativitätstechniken, Schöpferisches Potenzial entwickeln und nutzen, Berlin 2005

NÖLLKE, Matthias: Kreativitätstechniken, Planegg 2004

ÖAMTC: So entsteht der Spritpreis an der Tankstelle; Presseaussendung vom 10.5.2004

OPASCHOWSKI, Horst W.: Deutschland 2020, Wiesbaden 2004

PARKINSON, Cyril N.: Parkinsons Gesetz und andere Studien über die Verwaltung, Düsseldorf–Wien–New-York–Moskau 1992

PATERNITI, Michael: Unterwegs mit Mr. Einstein, Reinbek bei Hamburg 2005

SCHLICKSUPP, Helmut: Kreativ-Workshop, Würzburg 1993

SCHWINGER, Julian: Einsteins Erbe, Die Einheit von Raum und Zeit, Heidelberg 1987

SEELIG, Carl: Mein Weltbild, Berlin 1998

SEXL, Roman, Herbert K. SCHMIDT: Raum – Zeit – Relativität, Braunschweig–Wiesbaden 1991

SKUPY, Hans-Horst: Das große Handbuch der Zitate, 25.000 treffende Aussprüche und Sprichwörter von A–Z, von der Antike bis zur Gegenwart, Gütersloh–München 1993

SPEKTRUM DER WISSENSCHAFT: Einstein, Das neue Weltbild der Physik, Ausgabe 01/05, Heidelberg

STACHEL, John: The Collected Papers of Albert Einstein, Princeton University Press 1987

STATISTIK AUSTRIA: Bevölkerungsprognose 2005–2050, Wien 2005

STATISTISCHES BUNDESAMT: Entwicklung des deutschen Außenwanderungssaldos, Ost-West-Wanderungen, Wiesbaden 2006

TOYOTA FINANCIAL SERVICES: www.toyota.com, Torrance U.S.A. 2005

TRENDLETTER: Zukünftige Entwicklungen in Gesellschaft, Wirtschaft, Management, Marketing und Technologie, Nr. 7, Bonn 2004

TRENDLETTER: Gesundheit: So sieht der Markt im Jahr 2020 aus, Nr. 5, Bonn 2007

TRENDLETTER: Immobilien: Neue Nutzungen für alte Substanz, Nr. 5, Bonn 2005

TRENDLETTER: Alterung der Gesellschaft, Rohstoffmangel, Bonn 2006/2007

TRENDLETTER: Essen der Zukunft: Das sind die Megatrends, Bonn 2006/2007

TRENDLETTER: Schwerpunkt-Thema China, Bonn 2006/2007

TROUT, Jack, Steve RIVKIN: Die Macht des Einfachen, Warum komplexe Konzepte scheitern und einfache Ideen überzeugen, Wien–Frankfurt 1999

UN: World Population Prospects, New York 2006

UPI: Umwelt- und Prognose-Institut e.V., Darstellung vom 18.07.2006

WATZLAWICK, Paul: Wie wirklich ist die Wirklichkeit, München 1985

WHEELER, John A.: Gravitation und Raumzeit, Die vierdimensionale Ereigniswelt der Relativitätstheorie, Heidelberg 1991

WIEKE, Thomas: Kreativität im Job, Wie Sie Ideen entwickeln und Denkblockaden lösen, Frankfurt am Main 2002

WIRTSCHAFTSKAMMER ÖSTERREICH: Länderprofile der zehn osteuropäischen Beitrittsländer 2003/2004/2005/2006/2007

WIRTSCHAFTSKAMMER ÖSTERREICH: Länderprofil Türkei 2006

WISSENSCHAFTLICHER BEIRAT der Bundesregierung: Globale Umweltveränderungen (WBGU), Berlin 2002

WORD ECONOMIC OUTLOOK: International Monetary Fund 2006

Weiterführende Homepage-Adressen

www.acia.uaf.edu: Auswirkungen der Klimaveränderungen auf die Arktis

www.arctic-council.org: Klimaschutz in der Arktis

www.atmosphere.mpg.de/enid/660

www.awi-bremerhaven.de: Stiftung Alfred-Wegener-Institut für Polar- und Meeresforschung

www. cicero.uio.no: Center for International Climate and Environmental Research – Oslo

www.die-gdi.de/die_homepage.nsf/FSdfor?OpenFrameset

www.iasc.no: International Arctic Science Committee

www.icarp.dk: International Conference on Arctic Research Planning

www.icij.org/water: Privatisierung des Wassers

www.ipcc.ch: UN-Klimarat

www.irn.org: NGO zu Flüssen und Staudämmen

www.iucn.org/themes/wani/: bei der Weltnaturschutzunion

www.mad.zmaw.de/wdc-for-climate: World Data Center of Climate

www.menschen-recht-wasser.de

www.unesco.org/water: Unesco Wasser-Portal

www.unfccc.int: UN-Klimarahmenkonvention

www.wmo.ch: World Meteorological Organization

de.wikipedia.org/wiki/Permafrost: zu den Permafrostböden

de.wikipedia.org/wiki/Treibhauseffekt: zum Treibhauseffekt

Bisher erschienene Bestseller

Den Gestaltern gehört die Zukunft, 2005
ISBN 978-3-901852-04-6

Einstein für die Wirtschaft 2006
ISBN 978-3-901852-05-3

Dem Handwerk gehört die Zukunft, 2006
ISBN 978-3-901852-06-0

333 Managementweisheiten und Zitate, 2007
ISBN 978-3-901852-07-7

Die Zukunft in unserer Hand 2003
ISBN 978-3-901852-03-9

Festschrift – 1999
Auf ins neue Jahrtausend
ISBN 978-3-901852-02-2

Märkte mit Zukunft, 1997
ISBN 978-3-901852-01-5

Die Zukunft fest im Griff 1995
ISBN 978-3-901852-00-8

Autor von diesen Bestsellern: Christian Hehenberger
Verlag: Institut für Marketing und Trendanalysen® GmbH

Werden auch Sie Mitglied!

- **Als Zukunftsclub-Mitglied gelten Sie als VIP-Kunde am Institut für Marketing und Trendanalysen.**
- **Auf alle Leistungen des Instituts erhalten Sie 20 % Bonus. Dies gilt für Vorträge, Seminare, Consulting-Leistungen und Direct Marketing Aktivitäten.**
- **3 x jährlich bekommen Sie eine persönliche exklusive Zukunftsinformation.**

Weitere Infos bzw. Anmeldung unter:

Institut für Marketing und Trendanalysen GmbH, Kompassstraße 1, A-4293 Gutau
Tel. ++43(0)7946/20555, Fax-DW 30, e-mail: imt@imt.co.at

www.imt.co.at